suncolor

suncolor

智慧共享的社群人脈學

MINDSHARING
The Art of Crowdsourcing Everything

如何利用互聯網集思廣益，解決工作、生活、健康、愛情難題，實現夢想？

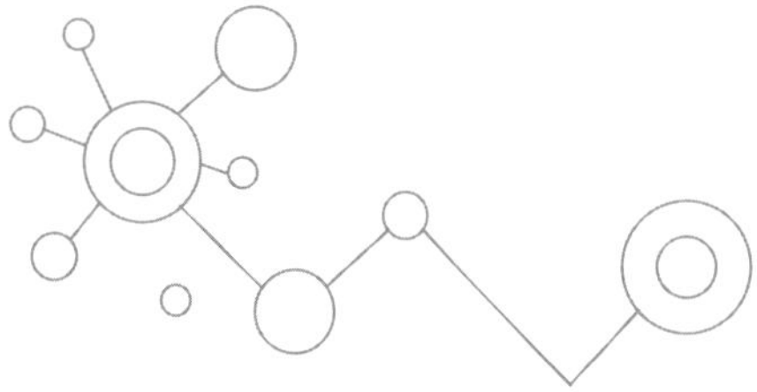

李爾・羅瑞夫／著
Lior Zoref
林力敏／譯

suncolor
三采文化

目錄

Part 2 智慧共享的藝術

Part 3 無所不在的化身，讓生活變更好

Part 4 讓智慧共享成為你的夢想教練

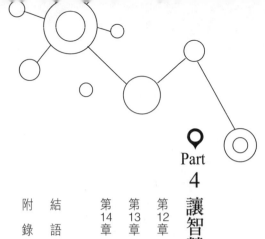

各界好評推薦

「網路已經成為人類的神經系統，連結我們的集體智能、知識與欲望。李爾・羅瑞夫在這本書裡深入剖析群眾智慧的本質，說明我們做各種人生決策的方式如何因此改變。」

——X獎項基金會主席暨執行長、奇點大學共同創辦人暨主席

彼得・戴曼迪斯（Peter H. Diamandis）

「李爾・羅瑞夫是夢想家兼激勵家，找出連結眾人的方法，替世界帶來可貴的改變。本書非常值得一讀，閱讀本書會是你做過最棒的決定！」

——網路公司 Vonage 共同創辦人、《美國商業週刊》科技類顧問

傑夫・帕爾弗（Jeff Pulver）

「本書簡明易讀，引人入勝，充分證明群眾智慧能真正改善並保障你的人生，絕對值得花時間品讀。」

——《堅定經理人的無敵力量》（*Bury My Heart at Conference Room B*）作者

史坦・史利普（Stan Slap）

「釋放創意的絕佳方式就是善用連結的力量，而本書提供許多實用工具助你釋放群眾的創意智慧。」

——《工作潛能大釋放》（*Die Empty*）作者　塔德・亨利（Todd Henry）

推薦序

社群就像白洞，無止境創造新事物與價值

——康泰納仕樺舍集團數位營運總監 李全興

在科幻電影裡，曾經看到過一種「物質生成場」的概念，或稱為「白洞」，也就是「黑洞」的相反。「黑洞」是會無止境地把物質，甚至是「光線」吸入，而「白洞」則像是「黑洞」的另一端，可以無止境地產出物質。雖然真實世界裡還沒有看到這樣的現象，但在數位的世界裡，「物質生成場」已經藉由「使用者創造內容」（User generated content）的興起，內容與資訊的提供者不再集中於少數媒體，而是變得無所不在。應該可以這麼說，只要你想得到的資訊，透過搜尋引擎和社交分享，都可以源源不絕地湧出來，甚至遠超乎你的需要。

本書全面解讀了社群時代如何集群眾之力解決各種問題，創造不同的新事物與價值的現象與做法。

如果你以為只在名人或少數意見領袖才擁有這種力量，那你就錯了，其實你我都可以辦到。本書作者曾擔任微軟顧客與網上服務營銷副總裁超過十四年。在他離開微軟之後，思考他的下一步時，意外地從社群獲得許多有用的意見與協助，進而讓他開始研究與歸納如何經營個人社群關係，以及善用社群相互協助之特性與力量的種種方法。透過社群人脈的協助，讓他成功登上TED的演說臺（網友們還建議他要帶頭牛上臺，而這竟然也真的發生了），也為他的第二段生涯開啟了新的契機。

不管你是需要想法、需要意見、需要經驗與知識、需要情感上的支持，甚至是需要資金，都有可能從社群的凝聚與互動、擴散中獲得助力，如同二〇一四年國際瘋傳的公益活動「冰桶挑戰」為漸凍人症患者在一個多月募集到八千多萬美元的基金，或是臺灣自創字體「金萱體」透過群眾募資所獲得的資金支持，這些案例只是社群力量眾多案例的一角，本書除了各式各樣的例子，也透過有層次與主題分明的方式，讓你可以領會與掌握社群帶來共享、共有的新思維與力量，在此誠意推薦。

推薦序

在社群上如何做人？看本書就對了！

——關鍵評論網共同創辦人　楊士範

我有個認識很久的朋友叫做鄭國威。我相信很多讀者應該都聽過他的名字，他所共同創立的「泛科學」網站現在已經是臺灣最大的科普網站社群。他曾經在一次演講中說，他們剛開始弄泛科學的時候很多東西都不知道該怎麼弄，但就跟三國演義中孫策臨終之前交代孫權的那句話：「內事不決問張昭，外事不決問周瑜。」而他們「基本上是『萬事問社群』，什麼事情不知道該怎麼做，問社群。」

他的這段話大概可以做為這本書的註腳。

本書講的就是一個本來有穩定工作的人（作者本人），如何透過他所長時間經營的社群，解決了很多他生活上的問題（身體有莫名的毛病卻檢查不出來、交還公司配車之後新車該買哪一臺），甚至到完成他的幾個夢想（成為TED講者、寫書）。

作者是一個有點年紀的數位移民（他一九七〇年生），而書中最重要的想法對於新一代的數位原住民應該完全不陌生，也就是網路社群經營的重要性和好處。

但即便對於七年級生（或九〇後）來說在臉書，或現在的 Instagram 上經營社群跟朋友聊天，甚至跟陌生臉友互動是如此自在的事情，好好經營社群，讓網友成為你的「群眾軍師」、「群眾醫師」、「群眾教練」依然並不是一件簡單的事情。因為經營一個大家願意彼此支援並互相關心的網路社群，就跟打造一個實體社群或互助會一樣，是需要方法、心力和感情的。

本書無關乎技術，而比較關於人心，是分享一種心態。某種程度來說，這其實是一本教你如何「做人」的書。

你該如何才能建構你自己的「群眾大腦」？如何對你的社群發問才能獲得真正有幫助的答案？如何跟你的社群互動才不會你的網友覺得你在利用他們？如何放開心胸暴露自己害怕、軟弱的一面以便獲得社群最真誠的幫助？

本書就是在分享這件事情，分享羅瑞夫在社群中學到的事情，也期待更多人能夠打造自己的社群，讓未來全世界的智慧，都可以串連在一起，做出更棒的更有智慧的決定。

推薦序

活在社群意識高漲的年代，你得善用群眾力量來圓夢

——臺灣電子商務創業聯誼會理事長　鄭緯筌
http://tesa.today
http://vistaschool.today

聽到三采文化即將出版由微軟公司前行銷副總李爾・羅瑞夫（Lior Zoref）所撰寫的新書《智慧共享的社群人脈學》，感到非常高興。

我知道李爾・羅瑞夫已經有一段時日，過去也常看他的個人網站（http://mindsharing.info/）。我是從ＴＥＤ的演講得知這位長期在數位策略暨行銷領域耕耘的專家，當時看到他的演說感到非常震撼，因為這位仁兄不按牌理出牌，居然牽了一頭活生生的公牛登上講臺，這可是ＴＥＤ大會史上前所未有的事情！

上網做了一番功課之後，我才知道李爾・羅瑞夫身為一名國際演說家，長期以

來便嚮往有一天能夠登上TED大會的講臺，但當他爭取到這個機會的時候，卻又苦惱於不知該發表什麼主題的演說？於是，他就在臉書上頭發問，直到有個青少年回答：「你何不帶頭牛上去？讓大家猜猜牠有多重？」

當天觀眾都被他的演講所激勵了，也紛紛猜測那頭公牛的重量，最少的數字是一百四十公斤，最重的則超過三千三百六十公斤，平均下來則是八百一十三公斤。神奇的事情發生了，那頭公牛的重量是八百一十五公斤，竟然和大家所猜測的答案只差了兩公斤！

嗯，就是這個不可思議的奇妙點子，讓李爾．羅瑞夫的演說大為成功，也讓他聲名大噪，從此更大力對外推展「智慧共享」的觀念。他更有一句名言：「英雄固然所見略同，但聰明的頭腦卻得以共同思考。」

李爾．羅瑞夫不只是主張運用「智慧共享」來找到會談的點子，更在本書中舉了許多諸如求診、戀愛的案例，也剖析了網路群眾外包（Crowdsourcing）的新商業模式，以多元的管道來幫助大家了解如何共享智慧。

李爾．羅瑞夫還提到善用臉書、推特等社群媒體的力量，好比他認為我們每個人至少應該在臉書上結交兩百五十位朋友，以便在社群之中可以得到足夠的回應，並具此產生群眾智慧，讓我們得以變得更聰慧，並能做出快速、有智慧且客觀的決定。

《智慧共享的社群人脈學》是一本值得細細品味的好書。在這個社群意識高漲的年代，身為廣大社群之中的一分子，我們也該懂得善用群眾力量來圓夢！

推薦序

群眾智慧，幫你借力使力，成為高效率的決策工具

——Allrover 創辦人之一／八輪滑板設計師　賴柏志

我人生第一次真正體驗到群眾智慧的力量是在二〇一二年，我很榮幸在某個機緣下參加了一家日本跨國企業所舉辦的全球水資源研討會，其中有個章程是讓在座的三十設計師、建築師、工程師、數學家，共三十位專家一起組隊參加工作營，這些與會者都是世界各地年約二十到三十歲充滿創意的佼佼者，不乏來自牛津與劍橋等高材生。這些自動自發的高材生們，在這為其五天密集的工作營展現了腦力激盪、辯論、創意發想的極致，調查與發想出來的結果絕對不輸給一個企業部門花費一年所產出的結果（這也是該日本企業每年都承辦該活動的原因）。

後來，我發現一件有趣的事情，在座每個個體的知識、經驗、背景都有很大的差異，最初發想之時簡直就像是在亞馬遜叢林裡看到的基因庫，有著令人驚奇的多

樣性。但隨著題目逐漸明朗、限制也越來越多的時候，最後的結果竟然逐漸導向一致性，從豐富狂野的亞馬遜叢林變成單調的極地生態圈。這樣的結果讓我第一次了解，在群體之中，原來世界上被稱為天才的人們和普通人的差異並沒有想像中巨大。因為發現了這一點，我們這一組並沒有從最基礎的腦力激盪開始著手，反而是利用了群眾的結論做「再腦力激盪」，也因為我們提早發現了這個方法讓我們的組在最終的比賽中勝出。

很多好點子就像嬌弱的蘭花，會因為很小的困難而告終，群眾智慧像是一個肥料，他與生長激素一樣幫助我們減少障礙，跳過知識與人際關係交換速度較慢的世代所面臨的資訊交換障壁。但並不代表我們只需要利用群眾智慧就可以得到「正確解答」，也不是說群眾智慧可以取代個人的知識、經驗、個人意識或想像力，只是如果沒有借由群眾的智慧，一直以來很多有形無形的障礙會讓點子這朵蘭花在發芽之前就會告終。

我所參與的群眾募資本身也像是一個微型的商業模型。在古老的時代裡，想要做生意最基本的方法就是只有國家支持，後來誕生了家族企業、銀行借款、投資人和各種新的方式。群眾募資誕生於二〇〇四年，算是相對比較年輕的商業模型，向「群眾」來取得「資金」而不再（或有限度地）透過家族企業、銀行或投資人來證明自己的商業計畫可行性。因為有了這樣的模型，讓更多有美好想法的點子可以存在世界上，除了提供更精於市場專家的意見外，更透過最終端的消費者直接金錢的回饋。

誠如此書所說的，群眾智慧它並不是取代個人意見的一言堂、也不是推向羊群效應的盲從。群眾智慧是一種借力使力的概念，是一種更有效率的決策工具，大多數的智慧會組成一個超過個體的智慧，如果妥善地使用這種「肥料與生長激素」可以提高知識使用上的妥善度，幫助人類更聰明地解決問題。

推薦序

一個動作、一個按鍵、一個回覆，擴大你的人脈

——鮮乳坊創辦人暨募資發起人 龔建嘉

二〇一四年，臺灣發起了幾場改變社會氛圍的群眾運動，很短的時間內聚集了巨大的力量。而最近幾年很夯的「群眾募資」，是運用眾人的力量來支持一個理念或一個產品。這兩件看似沒有關聯的事情，但從中我們可以看到「共同參與」已經成為一個趨勢，人與人的互動越來越緊密，社群縮短了人與人對話的距離，也降低了對於「參與」的門檻。

如何有效率且有計畫地運用身邊信任的人脈，來協助做人生中的各項決定，這絕對是一個讓人興奮的想法。就像許多平價個人電腦的串聯，可以成為一臺驚人的超級電腦。本書就是有系統且清楚地教你運用你現有的人脈資源，並教你如何將這些人脈最大化，為你的人生提供重要的幫助。

我曾經在FlyingV平臺上發起群眾募資「自己的牛奶自己救」，集合了眾人的力量而開始了改變乳品產業的路，我知道沒有群眾的支持，絕對不可能跨過一開始的巨大門檻，也因為這個故事，讓我成功的站上了TED的舞臺與大家分享，但一直到我看完這本書之後，才恍然大悟原來在這過程當中的成功是有跡可循的。

以前，溝通成本過高，光要把一件事情和一位朋友講清楚，就要花費巨大的時間成本。現在，只要一個動作、一個按鍵、一個回覆，就可以參與。「做決定」往往是最困難的，從你的信任圈或好友圈來出發，給予有幫助的建議，結果往往會給你意料之外的驚喜！我推薦大家在這本書當中學習叫別人和我們一起想主意！

前言

智慧共享，讓社群人脈成為你的貴人

「現在社群網站幾乎是用來分享生活點滴，但在接下來的十年間，社群網站會幫助你回答與解決複雜問題。」

——二〇一四年二月四日臉書成立十週年，臉書創辦人
馬克．祖克柏（Mark Zuckerberg）

狄波拉的兒子李歐發燒跟起疹子，但她不太著急，反正四歲小朋友會生病在所難免，發燒也是家常便飯。那天是星期天，更是母親節，狄波拉完全不想待在候診室，但還是盡責地帶他去看小兒科。

狄波拉在候診室更新臉書動態：「一大早到小兒科報到，真是好一個母親節啊！」醫生診斷後認為是鏈球菌感染，開抗生素給李歐。狄波拉再次更新臉書動

態：「還好啦，鏈球菌感染而已。」

幾天後，李歐病情加劇，抗生素不太管用。在他們等待喉部菌種的檢驗報告之際，狄波拉拍下李歐躺在檢查臺上的可憐模樣，發布在塗鴉牆上，再次更新臉書動態：「小寶貝病得更嚴重了，眼睛很腫，體溫很高，盤尼西林沒有用，可能是得到猩紅熱，也可能是玫瑰疹，也可能是……？？？？唉！」

許多人紛紛加油打氣，祝李歐早日康復。隔天她再發了一張李歐的照片，是在家裡拍的，他旁邊擺著心愛的小熊玩偶，她的動態寫說：「更腫了，尤其是眼睛跟下巴那邊，體溫也還是超高，可憐的小寶貝。」

有些人說他可能是過敏，有些人說絕對是猩紅熱，有些人則叫她不要擔心，希望檢查結果趕快出來。大家都盡量給予支持，許多人自己也是為人父母，知道小孩生病卻愛莫能助的感覺有多可怕。

狄波拉發表最後一次貼文過後沒多久，一位在臉書上追蹤她的朋友打電話給她，這個叫做史蒂芬妮的網友不是醫生，只是個媽媽，她跟狄波拉分享說她兒子以前有過相同症狀，最後因為川崎症（Kawasaki disease）①住院，而川崎症是一種容易致命的罕見疾病。史蒂芬妮大力勸她說：「你們趕快去醫院，拖愈久愈糟糕。」

狄波拉發現臉書上收到很多私訊，另外兩個網友是小兒科醫師，也提起川崎症，叫她趕快帶李歐去醫院。

一個小時出頭以內，三個不同的人認為李歐有可能罹患這種容易致命的罕見疾病。當時還沒有「智慧共享」（Mindsharing）這個名詞，但狄波拉已經在運用她的線上人脈，善用她的社群網站，結果救了李歐一命。她在一篇網誌說：「當初我有刻意想在臉書上問到答案嗎？並沒有。但潛意識裡，我一定想過也許臉書上的幾百個『朋友』當中臥虎藏龍，會有人知道這個侵襲我孩子的怪病是什麼。」

狄波拉跟他們確認過後，連忙帶李歐就醫，把川崎症的事情告訴小兒科醫師。醫師怎麼回答呢？他說：「臉書太讚啦！」狄波拉知道她靠發文跟貼照片，促成集思廣益，結果救了她兒子一命。

靠群眾智慧，做出更佳決策

當我們面臨職涯、財務、健康、人際關係、子女教養等課題，總想盡量做出最佳決策。如果我們做每個重要決定時，能獲得世上最聰明的人提供一臂之力，該有多好？這乍聽是天方夜譚，但其實不然。我們每個人都有辦法集結幾百個人的智慧，甚至幾千個人的智慧，而且「三個臭皮匠，勝過一個諸葛亮」，大家集思廣益後比得上任何專業顧問。

做正確決策很難。每當面臨重大關頭，我們很容易受情緒左右，無法做出理性客觀的選擇。任何情緒都會影響決策，即使引起情緒的事件已經過去許久也往往如此。美國柏克萊加州大學哈斯商學院行為經濟學家愛德華多．安卓德（Eduardo Andrade）與丹．艾瑞利（Dan Ariely）的研究指出：「微小情緒本身似乎已消失，

①川崎症，好發於六個月到五歲之間的幼童。此疾病的症狀有幾個特徵：持續發燒超過五天；手腳指尖周圍泛紅浮腫，兩週後會脫皮、脫屑；雙眼眼白充血，但無分泌物；口腔黏膜，嘴唇鮮紅乾裂，舌頭表面有草莓變化；卡介苗接種處紅腫等。

但仍會對決策造成影響。」這代表我們的決策有可能根本不理性或有缺陷，甚至往往都是如此。他們的研究指出，即使只是微小的情緒事件，也可能化為後來決策時的參考基準，棘手的是，我們自己根本渾然不覺。某人在你開車上班時擋到你的去路，結果好幾個鐘頭以後，你回絕掉籌劃數週的商業提案。你也許再也不會想起被擋到路這件事，但一時之間，對那名駕駛的火大不耐，卻影響到工作決策或私人決定，而你對此一無所知。

當我們訴諸群眾智慧，可以獲得不受我們自己情緒影響的他人意見，當作權衡依據，避免被自己單方面的偏頗想法徹底局限。如果我們學著善用群眾智慧，相信集思廣益的結果，我們能更迅速、容易做出更佳決策。群眾智慧很有威力，我們能靠科技與社群網站善加運用。我的群眾（具體來說，是年輕的以色列行銷學教授安雅．謝皮耶（Aya Shapir））把這股力量稱為「智慧共享」。聽起來類似美國經典影集《星艦迷航記》（*Star Trek*）裡「瓦肯人的心靈融合」，但其實智慧共享很簡單，那就是**善用手頭上現有的工具與科技來取得並分享人類最棒的資源**——我們彼此。

只是這種心靈融合並不局限於兩個人之間。

重點在於，**當我們共享智慧之際，不是叫別人替我們想主意，而是叫別人跟我們一起想主意**。當別人跟我們一起腦力激盪，我們做的決定會好上許多。我不是叫你放棄個人意志，被大家牽著鼻子走，而是靠智慧共享善用「大家的頭腦」（這遠比「個人的頭腦」更強），藉此在職場上走得更順暢，把人際關係經營得更理想，好好實現任何夢想與目標。

無關盲目從眾，講究獨立思考

從小到大，別人都教說最好是由我領導別人，不要被別人領導。大多數人都聽父母講過：「如果你朋友從橋上跳下去，你也要跟著跳嗎？」在現在這個時代與文化下，我們崇尚個人自主，講求獨立思考，不想受他人左右。然而智慧共享的重點在於，我們要以嶄新眼光看待群眾智慧，靠集思廣益來解決問題。三個臭皮匠，勝過一個諸葛亮。美國專欄作家詹姆斯・索羅維基（James Surowiecki）在《群眾的智慧》（*The Wisdom of Crowds*）書中表示，有時多數比少數聰明。群眾智慧理論的核心在於，如果你問一群人問題，他們合作得出的答案能媲美專家見解。

智慧共享智慧並不代表盲目從眾，也不代表放棄獨立自主。做決定的不是整個群眾，而是我們自己。只是我們在**利用智慧共享之際，能獲得可貴的消息、洞見與知識，大幅增進思維，明顯改善生活**。但別誤會了，智慧共享跟「團體迷思」（groupthink）無關。根據團體迷思的定義，各成員會傾向讓自己的觀點與整個團體一致，或是追求和諧與共識勝過追求事實，結果做出錯誤決策。這個共識往往源自成員認為整個團體具有某種價值觀或思維體系，尋求某類「正確」答案，結果團體裡淪為一言堂，缺乏不同聲音，從根本上不鼓勵獨立思考。

然而**智慧共享講究的正是獨立思考，大家的想法各形各色，並不預設某種「正確」的決定或結果。只有當你集結一大群人，大家的年齡、背景、興趣與專長等互不相同，提出的想法多元各異，你才能獲得群眾智慧**。

智慧共享與團體迷思完全相反。智慧共享強調的是集結所有人（至少是一個龐大社群網絡）的智慧結晶。

弱連結，讓你更有錢，職涯更順利

你有沒有看過一群鳥飛得整齊有序？這宛如複雜但協調的芭蕾表演，鳥兒是怎麼辦到的？牠們如何知道該怎麼飛？或者蜜蜂怎麼知道要一起搬到新的蜂巢？至於蟻群呢？還有魚群呢？動物具備一個不可思議的群體意識與決策程序，成功確保了整體的生存與延續。

確立決策或解決問題涉及重要的認知程序。智慧共享是讓大家一起思考，擴充個人的思維或認知程序。當一群人共同解決問題或做出決策，就稱為群眾認知，最終獲得群眾智慧。

二〇〇九年，美國普林斯頓大學教授伊恩・庫辛（Iain Couzin）發表動物群眾行為的研究報告，探討群體認知，展現動物如何利用集體互動共同做出決策。比方說，當蜜蜂要另外築巢時，牠們會先派個別蜜蜂探查合適地點，每隻蜜蜂探查回來以後會跳舞給其他蜜蜂看，靠這種「搖擺舞」傳達訊息，跳得愈久，表示對探查地點愈有熱情，如果跳得有說服力，其他蜜蜂會出去探查該地點，再回來跟著原本那隻一起跳，表示有志一同，形成正向回饋循環，最後由最多蜜蜂合舞的地點中選，所有蜜蜂一起決定這是最佳選擇，然後一起搬去新家。

那麼人類呢？如果我們也有辦法善用群眾意識與群眾認知，最後會有什麼樣的成果？

在過去的時代，如果想善用群眾智慧，必須投入大量資源才能結識一大群人，彼此交流互動。如今，許多人在社群網站上有成千上百的朋友。如果你是其中一員，恭喜啦，你可以在需要專業答案的迫切時刻尋求群眾智慧；如果你不是其中一員，別絕望——本書將教你如何靠特定網站與工具打造智慧共享，即使你原先根本沒用過臉書也沒關係；如果你照三餐更新動態，朋友名單卻只有你外婆跟兩個小學五年級參加夏令營認識的朋友，本書也會教你如何讓朋友人數變多，得以開始共享智慧。

即使你原本就常靠社群網站徵求意見或協助，本書會教你如何更上一層樓。要善用智慧共享，有賴於妥善尋求群眾智慧，藉此讓生活與世界變得更好。就如蜜蜂靠群體決策成為社會學家口中的「超個體」（super-organism），我們也能靠智慧共享成為超個體。**向別人（尤其是朋友）尋求協助很好，但向朋友的朋友尋求協助會更好——也就是包括好友圈以外的對象，包括跟你互不太熟的對象。社會學把這稱為「弱連結」（weak ties）**。

一九七三年，美國約翰霍普金斯大學社會學教授馬克・格蘭諾維特（Mark Granovetter）發表一篇論文，名為〈弱連結的力量〉（*The Strength of Weak Ties*），說明為何弱連結在任何社會網路都最為重要。格蘭諾維特把弱連結的適用範圍定義為點頭之交，排除好友與家人。比方說，如果你隸屬於兩個不同的團體或社會網路，兩邊只具備弱連結。假設喬伊認識A團體裡的鮑伯，也認識C團體裡的比爾，則喬伊是兩個團體之間的弱連結，也是鮑伯與比爾之間唯一的連結。格蘭諾維特說，具備較多弱連結的社會網路更能輕鬆協調與迅速改變，具備較多弱連結的個人（想一下臉書上面所有朋友的朋友）也更能迅速改變，並且取得更多資源。弱連結形同橋梁，聯繫起我們與人生中企求的有效革新與改變，還有助於獲取新資訊、新點子與各領域的專業知識。強連結對象通常跟我們相去不遠，弱連結對象則可能跟我們大相逕庭，是獲取群眾智慧的可貴來源。

美國社會學家尼可拉斯．克里斯塔基斯（Nicolas Christakis）與詹姆士．福勒（James Fowler）出版《連繫》（*Connected*）一書，確認克里斯塔基斯在一九七三年的發現：弱連結對我們的幫助大於強連結。克里斯塔基斯與福勒發現，雖然強連結（好友與家人）大幅影響個人生活，甚至影響健康，但弱連結的影響也相當可觀。比方說，他們發現胖子有較多朋友是胖子，有較多朋友的朋友是胖子，也有較多朋友的朋友的朋友是胖子，整體比例甚高，無法歸諸意外巧合或統計機率。他們提出的統計數據相當驚人：如果你的點頭之交或弱連結對象裡有人變胖，你變胖的風險會提高將近三倍。沒錯，如果是強連結裡有人變胖，你變胖的機率比較高，達到五七％，但如果是弱連結裡有人變胖，你變胖的機率還是很高：如果是「二度分隔」（two degrees of separation，亦即朋友的朋友），你變胖的機率為二〇％；如果是「三度分隔」（three degrees of separation，亦即朋友的朋友的朋友），你變胖的機率為一〇％。

前述例子展現弱連結在社會網路裡的威力。弱連結能讓我們更快樂、更富有與更成功。美國社會經濟學家詹姆士．蒙哥馬利（James Montgomery）研究弱連結與社會網路在勞動市場扮演的角色，發現弱連結「跟薪資水準與總體就業率呈正相關」。

沒錯，弱連結也許會讓你變胖，但也會讓你更加有錢，職涯更加順遂。

弱連結是你跟社會網路與各種團體的橋梁，對你的智慧共享程度影響深遠，有助於尋求群眾智慧。

群眾智慧是一項有力資產。正如總統向來有顧問智庫團在一旁輔佐，你也能有一群厲害顧問在一旁待命，每當碰到超越個人知識或專業的疑難雜症，就能找他們伸出援手。你會從本書學到如何打造並管理數位關係，領略智慧共享如何在職場與生活上幫你一把，從而讓你幾乎達成任何目標。這不是什麼高深學問，而是以一套很簡單的方式，充分發揮一己社會網路的潛能。正所謂兩顆腦袋勝過一顆腦袋，那如果有五顆腦袋、五十顆腦袋，甚至五千顆腦袋呢？總之，本書會把所需訣竅統統教給你。

跟群眾一起思考，解決萬事

智慧共享是善用「群眾外包」（crowdsourcing，簡稱眾包）達到集思廣益的目標，藉此**解決問題、做出決策、發揮創意，還有替生活創造便利與樂趣**。我們不要自己想破腦袋，而是靠網路科技跟一群人共同思考，先是提出問題，接著分析回應，最後靠群眾智慧得出答案。

二〇〇五年，美國新聞工作者郝傑夫（Jeff Howe）根據「外包」（outsourcing）這個用詞，提出「群眾外包」的概念。外包是把工作交給第三方去做，例如：聘請廣告公司擬定行銷策略。這是很熱門的商業策略，有些公司想專注本業，往往把特定工作外包給專門公司打理。相較之下，群眾外包是指外包給「一大群人」（群眾），而不是外包給特定專家或公司。

維基百科無疑是群眾外包最知名的例子，規模最龐大，從許多方面來看，也是目前最重要的群眾外包成果。維基百科最初的前提假設，是世界上任何一個人都能提出可貴知識，因此任何人都能在一個免費線上百科新增或編輯資訊。維基百科的內容包羅萬象，但是否精準可靠呢？一群自願的非專業人士不受監督與指導，漫無章法組織，真有辦法呈現正確資訊給大眾嗎？

二〇〇五年，《自然》（*Nature*）期刊刊登一則研究，由專家分析維基百科與《大英百科全書》（*Encyclopedia Britannica*）的四十二則條目，衡量何者較為準確，結果群眾外包的維基百科幾乎跟專家編撰的《大英百科全書》不相上下：維基百科的每則條目平均有三．九個錯誤，《大英百科全書》的每則條目平均有二．九個錯誤。二〇一二年，牛津大學發表另外一個研究，指出維基百科甚至比《大英百科全書》更勝一籌。

難道群眾會變得更聰明嗎？

「群眾集資」（crowdfunding，或譯群眾募資）是群眾外包的另一個例子。群眾集資不是找單一投資人投注大筆資金，而是找一大群人各自投注小額資金，畢竟一百個投資人不是好過一個投資人嗎？那如果有一千萬個投資人呢？雞蛋沒有全擺在同一個籃子裡不是比較安全嗎？

傳統上，需要資金的新創公司會找銀行或創投公司說明點子，設法說服高層投入資金。如今有了群眾集資，創業者能把「不錯」或「沒那麼不錯」（由群眾決定）的點子直接呈現在一大群潛在投資人面前。鵝卵石科技公司（Pebble Technology）投入智慧型手錶的研發工作，目標是讓手錶能跟智慧型手機同步更新，他們上知名群眾集資平臺「Kickstarter」尋求種子資金，起初集資目標是十萬美元，每位出資超過一百一十五美元的投資人日後能以折扣價購買這項產品，結果才短短兩小時就達成目標金額，最終在不到四十天的集資期限內募得一千萬美元。這是目前數一數二成功的集資計畫，吸引到將近七萬名投資人。

維基百科與鵝卵石科技公司都是善用群眾力量的例子，但這類群眾外包很花時間與心力。相較之下，你可以光靠社群網站共享智慧，在日常生活獲得同樣效用強大的可貴資源。你不只可以用臉書和推特打卡、標記同行的友人、分享晚餐內容或發表愛貓的影片，也可以用簡單創新的方式獲得群眾智慧與力量，讓朋友、朋友的朋友，甚至全球各地的人們，跟你一起集思廣益。狄波拉靠群眾智慧救了她兒子一命，無數人正靠智慧共享進行投資、提升職場表現、找到此生摯愛、學習如何教養子女，還有實現看似渺茫的夢想。

這就是智慧共享，而且跟傳統的群眾外包不同，因為外包出去的是思考而非工作──**是靠群眾外包協助你做決策**。你能靠智慧共享找一大群人跟你一起思考。我要不厭其煩地再說一次：智慧共享不是叫別人替你思考。箇中要點，是**善用群眾智慧與群眾力量來做出更聰明的決定**。

你也許會問：「我用搜尋引擎查資料，不就算是在利用大家的智慧嗎？」答案是：不對。當你搜尋資料的時候，你並沒有叫大家跟你一起思考，而是靠一套演算法試圖找出相關資訊，結果往往資訊是查到了，卻是來自某間想賣東西給你的公司，例如：你想找出最棒的度假地點，於是打開搜尋引擎，結果搜尋到各家公司的廣告，他們在各個「度假天堂」投入資金，只想吸引你過去一擲千金。

然而當你利用智慧共享來決定度假地點，你可以提出個人的偏好與需求，大家憑這些條件給予建議，背後沒有牟利考量。**搜尋引擎是查資訊、資料與數據的好工

具，卻不算是下決定時的好幫手。智慧共享不是叫別人幫你做決定，而是請別人提出可供參考的決策依據，關鍵是革新與創意。

為什麼需要社群上的點頭之交？

如果你在職場上轉換過跑道，你會知道這類決定可以有多重要，所以我們許多人花大量時間與精力規劃職涯，時常找親朋好友提供建議。轉換跑道如同結婚、成家與遷居等人生重大決定，對人生有深遠影響。在我剛開始進微軟工作時，我對當時嶄新的社會網路革命滿懷熱忱，多年來也跟我的「群眾」分享這份熱忱，但後來我是私下真正決定要離開微軟，只聽取家人與少數好友的建議。

在我決定做出這個改變人生的職涯轉換並攻讀博士之後，我拿智慧共享做些其他測試，結果令我眼睛一亮。但我覺得要憑智慧共享做出職涯決定終究有些突然，像是跨了太大一步，也很難獲得有關博士研究主題的建議。那時我苦思人生的下一步該怎麼走，但憑自己想破頭仍猶疑不定，很擔心走錯路，甚至不知道拿哪個領域當作博士研究主題，最後終於決定用臉書與推特尋求大家的建議。我原本常把工作上的事情分享到臉書與推特，上頭的朋友大多知道我以什麼為業，所以當我決定離開微軟以後，我在臉書上發表了一則動態：

> 你們覺得我接下來該找什麼樣的工作？

回應十分驚人。大家根據先前所有發文評估我的熱忱所在，提出我自己想不到的想法，這份群眾智慧不只形塑我的職涯走向，更成為我的職涯主題。從一則發文，到博士學位、到顧問工作、到演講工作、到「TED演講」（TED×Talk），再到這本書，智慧共享，讓我開創出嶄新的職業生涯。當時大家建議我把智慧共享變成工作主軸，現在我確實是這麼做。舉凡醫護組織、大眾媒體與政府機關，全球許多單位都想靠智慧共享做出更佳決策，紛紛找我諮詢，但我發現不只機構組織能從中獲利。

我以前會自問：「**為什麼我需要臉書上的那些『朋友』？**」他們大多只是泛泛之交，有些只是中學時代或工作上碰過，算不上真正的朋友。然而我檢視他們提供的點子，把他們當成共享智慧的社群人脈，最終明白：你永遠不知道哪一位朋友能提出什麼寶貴智慧與建議。

我很快就比先前想像的更加需要他們。

群眾的力量猜中牛的重量

在我開始替TED演講做準備以後，我問大家：「你們覺得我該怎麼展現智慧共享所能提供的群眾智慧與力量，最能讓觀眾恍然大悟立刻贊同？微軟創辦人比爾．蓋茲（Bill Gates）在演講現場釋放出蚊子、美國神經解剖學家吉兒．泰勒（Jill Bolte Taylor）當眾展示人腦，我又該怎麼做呢？」

沒多久，許多點子紛紛出現，有些不好、有些很讚，其中十六歲的歐爾．薩吉

（Or Sagy）建議我重現一百多年前某個有關群眾智慧的知名實驗。他說的那個實驗最初是一九〇七年由英國博學家弗朗西斯・高爾頓（Francis Galton）發表於《自然》期刊的一篇文章（話說一個十六歲少年怎麼會知道這種事？），高爾頓在英國普利茅斯的鄉下市集舉辦競賽，請八百位觀眾猜測一隻經過切塊加工的牛有多重。他們沒人知道正確答案，於是把所有猜測加總起來，得出平均值，結果竟然很準，勝過待在一旁的任何養牛專家。

薩吉沒有建議我把牛大卸八塊，而是叫我把一隻活生生的牛牽上臺，請現場觀眾猜測重量。起初我覺得這點子很瘋狂。牽一隻活生生的牛上臺？拜託……但群眾智慧有個特點：群眾會衡量彼此的點子。許多朋友看到這個點子，紛紛讚不絕口，突然間每個人都說：「快去找隻牛吧！」

我感到緊張，有些猶豫不決。找牛上臺真的好嗎？不過我決定相信大家，於是寫信給TED團隊提出演講計畫，信尾寫說：「拜託，可以幫我找隻牛嗎？」我點擊「傳送」，開始等待。一小時過去了，毫無回音；又一小時過去了，仍無回音。

那天晚上我做了第一場有關TED的惡夢（後來還有好多場）。在那一場夢中，

TED團隊收到我的電子郵件，臨時召開緊急會議討論：「這個傢伙在搞什麼鬼！」他們全都坐在會議室裡，決定告知我說，很抱歉，他們決定取消我的演講，找牛上臺的主意實在太扯了，更扯的是，他們原本竟然以為我夠格擔任TED的講者。

我醒來的前一刻，夢裡的他們正好在對我說：「抱歉，你別打過來，我們會打給你。」我立刻衝向電腦確認郵件，萬萬沒想到，他們竟然回信說很喜歡這個點子，會盡全力替我找來一隻牛。我喜出望外，但也再度害怕起來：要是某位前排觀眾身穿紅衣，那隻牛衝過去展開攻擊該怎麼辦？要是那隻牛喝太多水，在臺上拉尿該怎麼辦？許多夜晚我輾轉難眠，想像帶牛上臺的各種悽慘下場。我死定了，而這完全是因為我自作聰明要尋求群眾智慧，決定在TED演講會場把牛請上臺。

兩個星期後，主辦單位說他們找了一家替好萊塢電影提供動物演員的公司，我不只請到一隻牛，而且是請到一隻電影明星牛，牠是一隻公牛界的湯姆克魯斯（Tom Cruise）。

那隻牛上臺時，我心跳暫停一拍，呼吸變得沉重，但仍硬著頭皮走向牠，幸好牠跟惡夢中徹底相反，顯得自在放鬆，實在非常專業。

▲作者在 TED 演講上，帶了一頭牛，讓觀眾猜牛的重量。

我把手搭在牠的背上，歡迎牠上臺，然後請觀眾猜一猜牠有多重，用智慧型手機把預估數字傳給主辦單位。大家開始點著手機，我則繼續演講，但那隻牛突然盯著一位恰巧身穿紅衣的女性觀眾。我跟她說穿紅衣可不太妙唷！觀眾聽得開心叫好，但我心想：「希望主辦單位有投保，就算這隻牛發飆也賠得起。」

接下來是揭曉時刻。現場有五百多名觀眾，最低預估數字為一百四十公斤，最高預估數字為三千六百三十四公斤。怎麼會有人認為那隻牛超過三千六百三十公斤啊（但四位觀眾都這麼認為）？我在臺上收到計算結果的信封，開心得鬆了一口氣。那隻牛的實際體重為八百一十五公斤，而觀眾預估數字的平均值為八百一十三公斤。沒有任何觀眾完全猜對，但大家同心協力得出的結果足以跟任何專家媲美。群眾智慧在一百年前管用，如今在TED舞臺上管用，在我寫書之際管用，在你面對人生之際也同樣管用。

現在我們開始來探索智慧共享的威力吧。

Part 1

迎戰職場，
贏在智慧共享

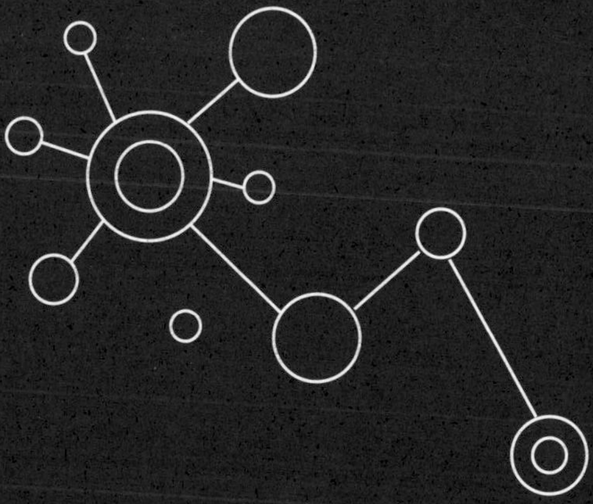

第 1 章

如何找出群眾，建立智慧共享？

那是我在微軟的最後一天。經過十四年的美好時光，我即將卸下行銷副總監的職務，開始攻讀博士。我內心很驚惶。人資部門在你「離職」時會叫你填寫許多表格，包括可怕的「物品歸還表」，上面洋洋灑灑列出必須交還給公司的各類東西，包括筆電、桌機、手機、手機晶片卡、辦公室鑰匙與公司配車。我交還完公司配車以後，才沉痛領悟到我沒把這最後一天規劃清楚——我發現我沒辦法回家了。

我每交還一樣東西，更知道自己失去了什麼。我不是靠微軟的這些東西來定義自己，但它們許多年來是我職業身分的一部分。在職場上，我愈來愈以「微軟的李爾」著稱，現在我再度變回只是「李爾」。我想著這份失落感。當我交出代表專業身分的東西，我還是個專業人士嗎？我先後交出我的筆電、我的手機、我的辦公室鑰匙，還有我的公司配車，變得有些不知道自己存在的價值。沒錯，找工作很難，但揮別工作更難。每一樣必須歸還的「財物」，原本都帶有讓我安心的作用。我最後一次踏入電梯，感到一無所有，滿心混亂。我剛交出整個職業生涯了？交出我的未來了？交出我的專業了？

我按下一樓的按鈕，感覺一顆心連同電梯往下沉。我還剩下任何屬於我的專業嗎？我回想那張物品歸還表，感覺似乎遺漏某個重要東西、某個關鍵東西。這時我才明白，那份表格沒有叫我交還臉書上的朋友、推特上的追隨者，或者 LinkedIn（最大的專業人才社交網站，中文名為領英）上的人脈。我沒有把一切交還給微軟。我最重要的專業資產並不屬於任何公司，而是屬於我自己。

我仍有人際網路。

我仍有我的「群眾」。

建立智慧共享，需要多少朋友？

如今我們能以嶄新方法變得聰明，從中獲得智慧。哈佛大學教授尤查・班克勒（Yochai Benkler）在《網路財富》（*The Wealth of Networks*）一書中把這稱為「社群生產」（social production），也就是網路社會的一種創新生產模式。根據他的理論，連繫在一起的群眾能以全新方式產生價值，社會不再只能仰賴工業生產或組織生產。由此衍伸，智慧共享可謂社群網站時代的智能生產模式。班克勒認為社群生產不只是一股潮流，更是最關鍵的經濟與文化變革，將讓社會改頭換面。

藉由智慧共享來集思廣益，我們能做出更聰明完善的好決定。無論在任何地方，成功不只來自與人競爭，也來自能否集思廣益，有些人甚至認為集思廣益更為重要。然而要善用一己群眾的智慧，首先得建立群眾。

如果你有用臉書，你臉書上的「群眾」有多少呢？看一下朋友名單，你是有三個朋友還是三千個朋友？**為了善用群眾智慧，你至少需要二百五十個朋友**。為什麼是這個數目？二〇一〇年，香港城市大學的教授克里斯汀・華格納（Christian Wagner）與湯姆・費納蒙（Tom Vinaimont）發表共同研究成果，他們試圖從科學角度（而非空泛觀察）證實：群眾比專家更能做出準確的猜測或預估。他們發現，單一一位專家能勝過幾位非專家，但輸給一大群非專家。他們找來兩組受試者，一組有三十名成員，一組有九百九十九名成員，「兩組人員跟預估準確度勝過一般人達十倍的專家較量，模擬測驗結果發現，三十人那組贏得三八％的競賽，九百九十九人那組贏得八九％的競賽。」三十人那組在猜測容器內糖果數目的競賽表現得相當出色。

現在我手上有「三十」這個數字，再來要怎麼推導出二百五十個朋友是善用群眾智慧的下限人數呢？臉書研究指出，每則動態更新平均會讓一二%的朋友或追蹤者看到。**如果你想善用群眾智慧，你至少需要三十名群眾（九百九十九名當然更好），所以需要二百五十個朋友（二百五十乘以一二%等於三十）**。這不是精確計算結果，不過是我個人發現（而且經由研究證實）的下限人數。除了總人數以外，實際互動的人數也很重要。不是每個人都有問必答。如果你的問題乏味無趣，或者顯得另有所圖，無論朋友總數再多，也只是中看不中用。我們會在本書第二部「智慧共享的藝術」討論這一點，至於現在你該知道的是，即使你有三千個朋友，如果雙方沒有互動，你也不算具備能共享智慧的社群人脈。

首先，基本原則是至少要有二百五十個朋友。如果數目不到，趕快多傳送交友邀請吧。臉書會根據共同好友、居住地點、所上學校與工作地方等資訊，列出你可能認識的朋友，你可以趕快查看臉書的建議名單，或者也可以自己搜尋朋友。加入朋友，就是在替智慧共享打下良好基礎。切記，為求善用群眾智慧，你的群眾既要人數眾多，也要背景各異（不同年齡、性別、居住地點等）。只要達成這兩個條件，你就有辦法靠群眾智慧解決難題，做出好決定，甚至實現夢想。

臉書有個好處，那就是你始終能選擇向你的群眾提問。儘管不是每個臉友（臉書上的朋友）都跟你熟識，但他們至少能各抒己見，而且通常對你尚稱了解，有辦法幫助你妥善思考與做出決定。

臉書的一個潛在缺點在於並非匿名。如果主管有在臉書上加你為朋友，你也許不適合在臉書說你一直討厭目前的工作，很想設法跳槽。當你不希望事情讓好友、家人或同事知道，其他匿名網站就派上用場，我們會在後面章節詳加探討，但其中一個網站值得現在提起：Quora。Quora（www.quora.com）是首屈一指的線上問答平臺，每個月超過一百五十萬名用戶在上頭提問，涵蓋四十萬多個主題，大家熱中於提問與回答，回答者不見得是專家，但通常確實自認能貢獻一己之智。你能選擇用匿名或真名提問，把問題歸為特定主題，追蹤這些主題的用戶能看到問題並提供解答。跟臉書一樣，用戶能彼此「追蹤」。

想知道你這年紀該如何加入馬戲團嗎？Quora 會提供答案，而身邊的人（尤其是主管或伴侶）完全不知道你問過這種問題。

如何與群眾確實建立關係？

當你跟群眾分享心事或尋求協助，無論對象屬於強連結或弱連結，你都會擔心不該暴露弱點，儘管我們的文化強調公開透明，你仍怕自己透露太多。然而在善用智慧共享之際，最寶貴的就是真實做自己。我們都是活生生的平凡人，有掙扎、有成長、有學習、有嘗試、有失敗，愈能坦然跟群眾分享，愈能建立密切關係。群眾不太喜歡看到粉飾美化的假象，比較喜歡看到真切實在的情感，所以多數人對宣傳廣告興趣缺缺，對真實故事則另眼相看。

很多人往往覺得有必要用社群網站展現特定形象與「動態」：看看我的家庭有多美滿；看看我度假的照片拍得有多讚；看看我的另一半有多愛我；我升職了，快來恭喜我吧；快買我的產品吧。

經營能共享智慧的社群人脈不是要炫耀外在表象，而是要分享內在心事。我們要跟群眾有真實的連結，有共享的理念，才能在職場或生活上彼此依靠，齊心協力。如果我們看到別人發文說不知該買哪輛名車，大概不會留言回覆這個「雙B煩惱」；如果我們看到真心發問，例如：有人滿心煩惱是否該換工作，或者孤單寂寞想找人談天，這時我們看到對方真誠展現出脆弱的一面，心有戚戚焉，於是決定留言回覆。無論分享什麼，這都適用。我們都能憑直覺知道什麼是真話，什麼是假話。

展現脆弱面是一計有效招數，但需要勇氣。也許你想分享說你正在尋找人生或工作的意義與目標，卻有些猶豫，但我敢保證，只要是真心提問，只要是真誠想法，你獲得的群體智慧絕對非常值得。讀完本書後，放手一試吧。從小問題開始，慢慢循序漸進。當初我很怕離開微軟，很怕講說我夢想有一天要當TED的講者，也很怕動筆寫書，但每次我跟群眾分享恐懼與疑慮，結果都獲益良多。群眾最終會是你的靠山。

哪些平臺是智慧共享的法寶？

臉書不只是善用智慧共享的唯一法寶。除了先前提到的社群問答平臺 Quora 以外，推特、LinkedIn、Google+ 與個人部落格等都是很實用的網路平臺，其優缺點各異。你可以把私底下與工作上的智慧共享兩相分開，也可以像我這樣合在一起。LinkedIn 跟臉書不同，通常是用來經營職場人脈，跟既有或潛在生意夥伴取得連繫，你也許會希望讓私下人脈歸臉書，讓職場人脈歸 LinkedIn。第四章會再詳細探討 LinkedIn，探討如何搜尋與加入職業社團。現在我則想先簡短概述幾個實用平臺。

臉書

特點

- 如果臉友夠多，任何問題都能靠臉書解決。

- 臉友一直都在，等著替你腦力激盪。
- 有針對特定主題的臉書社團，成員樂於替你集思廣益。

優點

- 如果你常用臉書，臉書會是最方便即時的平臺。
- 臉友認識並關心你，肯花工夫替你想辦法。

缺點

- 你至少要有二百五十個朋友。如果臉友的人數不夠或背景單一，也無法發揮群眾智慧。
- 無法匿名。在臉書尋求智慧共享，形同在人群前赤身裸體，公然展現弱點。如果你是工作有問題，也許會想穿好衣服跟另一群對象請教。

LinkedIn

特點

- 與專家集思廣益。

優點

- 如果你有工作問題，最適合在這裡向專家請益。
- 即使你不常用臉書，還是能找到一大群人，向特定群體請教。

缺點

- 必須花時間搜尋與加入相關職業社團。
- 有些社團很大，你的問題可能很快被洗掉，沒獲得多少回覆。

推特

特點

- 你提出簡短易懂的問題，群眾提供同樣簡短的回答（最多一百四十個字）。

優點

- 集思廣益的最快方法，立刻得到回應，堪稱即時迅速。

缺點

- 如果問題很複雜，一百四十個字不太夠用。
- 跟臉書一樣，需要至少幾百個跟隨者才行。

Quora

特點

- 一大群網友樂於回答複雜困難的問題。

優點

- 規模數一數二的社群問答平臺。
- 你能採取匿名，不必驚動臉書或推特上的朋友。

缺點

- 跟 LinkedIn 的社團一樣，各種問題多不勝數，你的問題必須有趣吸睛才能脫穎而出，獲得夠多回答。臉書上的朋友跟你比較關係緊密，有時連無聊問題都願意回答，Quora 上的網友則不然，無趣提問不會有人理睬。

Google+

特點

- 跟臉書類似，而且也適合提出複雜難題。

優點

- 通常比臉書更職場導向，但群眾人數較少，關係也更密切。
- 適合提出科技類問題，其他用戶通常很熱心回答。

缺點

- 目前很難建立足夠人數的群眾。
- 非匿名。

個人部落格

特點

- 持續娓娓道出個人點滴，群眾知道你的性格喜好。

優點

- 向一大群人提供價值的最佳方式，沒有時間與字數的限制。
- 發文內容不會在動態消息裡被洗掉，跟其他平臺相比，有較長時間能搜尋到。

缺點

- 撰寫文章與經營管理很花時間，別人閱讀起來亦然。
- 要培養一群能共享智慧的熱心讀者既耗時又困難。

無論你是想在臉書或推特培養群眾，在 LinkedIn 或 Quora 找到群眾，還是在部落格經營群眾，重點在於有一個夠大的群眾，大家願意集思廣益，回覆各類提問，形同你的寶貴資產。科技日新月異，新平臺接連出現，舊平臺持續更新，如果你想獲得最新資訊與使用指南，請上這個網頁：mindsharing.info/locales。

你必須跟群眾建立關係，讓他們關注你的生活與工作。這關乎先前提到的展現脆弱面。要建立關係就得真誠——你是個活生生的人，有艱辛、有掙扎，跟他們一模一樣。而要顯得真誠，主要是靠展現脆弱面。你要讓群眾關心你。

不過要怎麼達成這一切？

那就是替群眾創造價值。

想讓人記得你，唯一重點是……

我剛開始在微軟擔任行銷經理時，對行銷簡直一無所知。我會寫程式，先前也都在寫程式，但只在高中熱音社參與過行銷工作。我們花漫長的兩個月時間製作海報並到處張貼，宣傳我們的大型表演，最後結果是：只有十個沒其他地方好去的人來參加。

幾乎三十年後，各高中還是有熱音社，但沒有人再貼海報，就像沒有人再用轉盤式電話。現在的小孩生來會用電子產品，懂得在臉書開活動專頁，靠Youtube影片吸引觀眾，在Instagram（照片與影片分享平臺，也是知名社群網站）發照片宣傳表演，即時鎖定潛在觀眾，並加以追蹤。

三十年過去，社群網站時代來臨，但有一件事始終不變，而這也是我首位主管口中所說我唯一需要知道的行銷概念：**讓人記得**。

那該怎麼做？他告訴我說，我必須替生意夥伴籌辦一個又一個活動，雙方一起投入。這意謂著無止無盡的研討會、聯合行銷活動、高爾夫球比賽、各種商談討論，還要不斷寄發手冊或廣告等行銷資料給對方。我藉此讓我們公司給人留下印象，而且想跟微軟合作的人都可以跟我們聯絡，獲得同等的投入與服務。這相當費時，但我的主管不是發神經，而是完全正確。

這個唯一重點不只適用於行銷，也適用於智慧共享。談到智慧共享，**你要讓別人記得，就必須提供「價值」，時時讓他們看見你的自我與想法**。無論行銷品牌或建立人脈，你都要保持大家對你的印象。十七年前，臉書、推特與 Youtube 尚未問世，想讓生意夥伴記得就得時常碰面、邀約用餐、舉辦活動、致電交談。然而當談到數位時代，談到智慧共享，做法略有不同。

你依然得跟對方時常連繫，卻是靠真正的對話，而不是靠宣傳活動或銷售話術。無論你是替公司、品牌或自己做行銷，不僅要建立人脈，還要積極經營。你必須誠實，也許稍微展露脆弱面。如果你想讓群眾花時間專注你，成為能共享智慧的社群人脈，你必須表現真正的自己，進而創造真正的價值。

價值是關鍵。藉由社群網路提供價值，意謂著你的分享內容能激勵別人、啟發別人、幫助別人，在職場或私下層面皆然。提供價值，就是讓別人大笑、思考或感動，從而建立起人脈，因此每當你想善用智慧共享，每當你想跟群眾互動往來，你必須捫心自問能提供何種價值。談到職涯發展，你的價值最重要，勝過精美名片，勝過在公車或購物手推車上刊登廣告，甚至勝過履歷表上的一字一句。無論你的專業是什麼，無論你的熱情在哪裡，只要能向別人提供價值，他們會追蹤並記得你，如果你想展開新職涯，想在舊領域有新突破，他們會給你工作。當你創造出價值，也就創造出密切互動的群眾。等你讀過本書就會明白，只要擁有密切互動的群眾，幾乎能心想事成。

如何提供價值，才能讓人記得？

價值處處能有，可以是你寫的一段文字，可以是有趣文章或影片的連結，可以是好玩的問題，可以是發人深省的訊息。你分享的東西對你有價值，也就會對群眾有價值，進而可以逗人哈哈大笑，可以讓人熱淚盈眶，可以令人對生命大感驚嘆。談到智慧共享，價值可以更具體實際：助人一臂之力，或者靠分享知識、資訊和經驗替人節省時間。當然，對價值的認定是十分主觀的，因人而異，但如果你只是拍下貓咪的影片或分享晚餐的內容，通常不會多有價值。

價值是雙向道，重點在於：給予。**價值無關乎公關或銷售，而是要讓人思考或感動，是一個清晰的信念或觀點**，你能從群眾的回應確認分享內容是否有價值：他們喜歡你的發文嗎？有分享你的發文嗎？有對你發文（或網誌、推文）裡的想法或問題提出討論嗎？有找他們的朋友一起參與討論嗎？當你提供（任何形式的）價值，群眾人數會增加，也許增速不快，但日積月累，你會愈來愈讓人記得，而這正是行銷與智慧共享的第一重點：讓人記得。當你真誠展露內心，分享喜歡的內容，群眾會回應並討論，邀請別人也來追蹤你。只要你在乎，群眾就在乎。經營群眾要投注時間精力，但只要群眾在乎你，智慧共享的超級力量也就唾手可得。

第 2 章

找工作、寫履歷、轉行沒問題

我三歲的兒子奧里正在看報紙。我從客廳另一頭看他以古怪姿勢拿著報紙，專心盯著頭版。他很聰明，但還不識字。我湊過去，發現頭版有一張貓的照片。奧里喜歡貓，卻很討厭這一隻。

「沒在動啦！」他不爽地說，把報紙舉高給我看。

我一頭霧水，接著他弄給我看。

「老爸，」他以小小的指頭反覆搓著貓臉：「報紙沒在動啦！」

這就是我們的新世界。報紙的舊讀者相繼過世，會讀報紙的新讀者則不會誕生。對奧里這整個世代而言，互動科技不是特例，而是慣例。你們當中有些人也許並不樂見世界如此改變，甚至懷念舊日時光，所謂「美好的往昔」，那個沒人期望報紙圖片會動的年代。然而哀悼過往無濟於事，無法讓我們迎向已然來到的未來。奧里預期一碰圖片就會動，一講圖片就有聲音，無論他有什麼想法或動作，都能即時獲得回應與協助。

簡言之，奧里跟整個「數位世代」都準備好迎接智慧共享。

那我們呢？

分類廣告消失了，找工作反而更方便

以前的人要找工作必須坐在餐桌旁，把報紙分類廣告在面前攤開，動筆圈出可行選項，然後撰寫履歷，印出來，寫好信封，寄給人資部門的陌生人，或者花無數時間拿著報紙登門造訪，卻發現雖然徵才廣告是在週日報紙截稿前才決定刊登，但你上門時那個職缺早已徵得心儀人選。現在再這樣找工作，如同奧里碰觸報紙上的貓咪照片卻期盼牠會活蹦亂跳。大致而言，這樣謀職相當麻煩，費時費力，如同亂槍打鳥，你真能及時僥倖找到好工作？

如今是數位時代，你有群眾的力量，謀職不再關乎運氣，不必曠日廢時卻徒勞無功。每個關鍵決定都能靠智慧共享來幫忙，重要資訊（例如：私下薪資水準或未公開職缺）俯拾即是，甚至連做履歷表或名片都能仰賴群眾智慧，簡直大大省力。智慧共享徹底改變我們謀求（夢幻）工作的方式，也正改變雇主尋找員工的管道。找工作往往很累人，甚至很挫折，但只要懂得仰賴群眾，善用現代科技與數位網路，找工作會容易許多。

我離開微軟以後必須重新設計名片，不再是「微軟的李爾」。現在的我認為名片根本是浪費時間，重要程度不如部落格、LinkedIn 的個人檔案（下一章會探討）或推特帳號，但當時我仍然需要靠新名片反映職涯改變。

我不會美工設計，但決定不找專業人士幫忙，反而找離開微軟時帶著走的社群人脈幫忙。我把名片樣板貼到臉書上，發文說：「大家覺得我的名片該納入哪些東西？」

短短幾個小時，我得到許多好點子，最後的成品美觀大方，憑我自己絕對設計不出來，不輸花大錢找專人設計，但最大重點不在於版面外觀，而在於名片內容，很多朋友提供如何呈現社群人脈與數位資訊的好方法，例如：印上 QR 條碼（QR code），還有像臉書那樣預留回應空間。

跟群眾合力設計名片屬於我運用智慧共享的最初幾次經驗，成品媲美專業設計。然而在我徵詢意見之際，另一個意外收穫出現：大家對我的新職涯起了興趣。現在他們也參與我的工作，我的成功形同他們的成功。當初我們齊心協力，誰都沒料到，後來我們能一起走得這麼遠。

▲作者靠智慧共享的力量，設計出的新名片。

我的新名片如上（只有顏色、電話與住址不同）。

設計新名片不是你運用智慧共享替職涯加分的唯一方式。接著我們來談可怕的履歷表。履歷表不好寫。你有沒有照著顛倒順序列出工作經歷，愈新的列在愈前頭？你有沒有先列出專業知能與經歷？其餘興趣呢？你是如何撰寫「工作目標」，而且不是寫說現在的唯一目標就是錄取這份工作？美國前參議員鮑伯．班尼特（Bob Bennett）如此描述履歷表：「隱惡揚善，只強調過往功績，外加呈現個人所欲具備的優良特質。」

我沒辦法說得比他更好了。

成千上萬個網站提供如何撰寫出色履歷表的範例與訣竅，但多數建議平凡無奇，過度空泛，而且非常過時。有些網站提供免費模板，但等你耗費好幾小時填完以後，卻發現要列印或存檔就得付費或入會。不過你已經具備唯一需要的會員資格：你的人際網路，也就是你的群眾，而且完全免費。

隨便找個無名網站，根據上面的空泛建議撰寫履歷表，根本寫不出厲害的履歷表：你需要量身訂做的建議，針對你的履歷與你的求職需求。靠智慧共享寫出完美履歷有許多方法。如果你沒什麼顧慮，不妨像我徵求名片意見那樣，把履歷表貼上臉書徵詢意見。如果你想私下徵詢意見（我懂你的苦衷），不妨把履歷表貼上專門的匿名徵詢網站，真實身分不曝光，堪稱神不知鬼不覺。

Reddit 是其中一個網站（www.reddit.com/r/resumes），有個「履歷表」專屬分類，你可以用 Google 文件（Google document）或其他檔案分享服務，把履歷表的連結貼上 Reddit 網站，請網友提供意見或協助。

幾個建議問法如下：

- 我找工作四處碰壁，能幫忙看一看我的履歷表嗎？
- 我想找網站開發相關工作，任何一針見血的建議歡迎提出！
- 這是我第一次寫履歷，沒有多少經驗。
- 大家會把自己並不具備的技能列入履歷表嗎？
- 我很會胡扯，但這些內容要怎麼放進履歷表裡？

最後一個是我個人很喜歡的問法，一般乏善可陳的履歷表網站可給不了答案。社群問答平臺 Quora 是另一個靠共享智慧來寫履歷表的實用網站。Quora 有一個專門主題稱為「履歷與簡歷撰寫」，上面的專家（或熱愛寫履歷的業餘人士）會回答疑難雜症與提供解決之道，我最近就看到亞馬遜網路商店（Amazon）的總經理在上頭回答問題。我個人最愛的一個提問是：「大家在履歷表上看過或寫過最瘋狂的東西是什麼？」某間公司的老闆這樣回答：

有個求職者確實把底下這句寫進履歷，我鄭重考慮要面試他，一睹他的廬山真面目。

目標：我想要像麥克老鴨（譯注：Scrooge McDuck，唐老鴨的叔叔，家財萬貫，坐擁金山）那樣，跳進滿是金幣的泳池裡。

你大概不會想把這一句加進履歷表，但智慧共享不僅提供對症下藥的解答，還提供「別出心裁」的奇妙點子與思維。也許把晦澀文字或幽默話語加進履歷表有助於獲得創意類工作的面試機會，你要是不上來詢問，真是想破頭也想不到。

薪資行情、面試狀況都能先打聽

求職與面試的一大難題關乎薪水。你也許曾在面試時被問到：「你想要多少薪水？」這問題讓人備感壓力。搞不好我薪水開太高，他們決定不錄取我？搞不好我薪水開太低，他們決定不錄取我？搞不好他們決定錄取我，但我原本能領到更高的薪水？

以前薪水堪稱公司內部的高度機密，但現在已非如此。Glassdoor 網站（www.glassdoor.com）**提供你一窺各個行業或企業的內部祕辛，了解為特定企業或執行長工作的酸甜苦辣，明白薪資的實際高低**。

網友在 Glassdoor 網站分享在各間公司工作的心得。你不必死守官方宣傳話語，而是**從群眾身上獲得第一手的真實情報**，就像正好有朋友在你心儀的公司工作，他把在茶水間會講的八卦一五一十說給你聽。Glassdoor 之於求職者，正如全球最大旅遊網站 TripAdvisor 之於旅行者。每位面試人員大概都會跟你說：「我們的員工都很熱愛公司」，但 Glassdoor 這類網站把真相向你揭露。比方說，Glassdoor 的資料中指出，以五分制而言，臉書員工對公司文化的滿意度為四．五分，Google 員工為四．二分，蘋果員工為三．九分，微軟員工為三．六分。

求職過程最讓人焦慮的是面試。Glassdoor 的網友**不只能助你減輕焦慮，還分享他們在各公司面試時遇到的提問**。想知道蘋果公司的面試內容嗎？好奇美國運通的徵人程序嗎？你要去 Google 面試，但用 Google 搜尋不出半點實用建議嗎？儘管各大企業不見得樂意，Glassdoor 都讓它們變得更加透明公開，求職者得以省下許多胡思亂想與輾轉難眠的時間，轉換工作更為容易。

快速累積工作經驗，轉行沒問題

如果你初入職場或想轉換跑道，以前大家總說：「沒有經驗就找不到工作，但沒有工作就得不到經驗。」這著實兩難，很多初入職場或想大幅轉換跑道的人都深受其苦，幸好智慧共享能解決這個兩難困境，供你以全新方式在心儀領域獲得經驗。企業主管往往以過往經歷為重要依據，決定是否面試並確實聘請某位求職者，那麼除了在履歷表說謊以外，你還能怎麼做？

答案是：現在愈來愈多大企業與小公司靠群眾完成工作、解決問題，並設法創新，而愈來愈多人也**利用這種模式取得工作經驗**，**讓履歷表更有聲有色**。

你有特定技能嗎？有特殊天賦嗎？不妨上 Fiverr 網站（www.fiverr.com）。這是全球最大的差事外包網站（每件多半為五美元），你可以憑特定技能向群眾接案，幫履歷增色，獲得新技能與新經驗，替需要更多經驗的正職工作鋪路，例如網頁設計員能以「四個網頁五美元」的開價吸引別人請他設計網站。也許你受過影片編輯的專業訓練，願意以五美元的價格替人編輯或製作影片，雖然賺不了大錢，履歷表上卻增加許多工作經驗與客戶推薦。另外，你也能從這個網站花五美元請人替你編輯履歷或設計名片。

馬可斯・海比（Marcus Halbig）很愛玩電鋸，現年四十三歲，拿電鋸雜耍超過二十年，以前藉此賺錢的唯一方法是上街頭表演，但在時常下雨的美國臨太平洋西北地區這可不是一項好技能（電鋸淋溼後不好耍）。最近海比決定上 Fiverr 兜售這項技藝，顧客付五美元請他拿兩把利刃雜耍，額外付費還能改拿電鋸雜耍（並把鋸子的開關打開），而且他會在雜耍過程念誦或演唱顧客提供的文句。無論你信不信，總之，他的數位街頭表演大受歡迎，夠他當成正職工作。

無論你是想賺取外快、增加技能或大幅擴充客戶名單，創新外包網站 Fiverr 都能助一臂之力。

寶僑、波音、NASA創新靠智慧共享

智慧共享有助個人增加工作經驗，也有助企業招募員工與解決重大難題，可謂對員工與雇主都有助益。

我讀國中時生平第一個真正打工（替母親打掃家裡不算），趁放假在電腦賣場推銷產品。我打從會走路說話起就是科技迷，後來熱愛電腦，因此想說賣電腦會很好玩。此外，我也想賺點錢，才能買其他男生（校園男神）會穿的酷炫服裝。

那是個人電腦剛起步的年代，我先是販售蘋果二號電腦（Apple II），接著賣IBM電腦與相容電腦（感謝蘋果公司創辦人賈伯斯〔Steve Jobs〕與比爾・蓋茲），我每賣出一部電腦都激動不已。

我從店長身上很早就學到追加銷售（upselling）與交叉銷售（cross-selling）。追加銷售是建議顧客替原有消費額外加購商品，交叉銷售是根據顧客的需求組合來推薦相關商品，例如：服務生建議你購買餐廳會員卡（交叉銷售），然後建議你加點可口的蘋果派當作甜點（追加銷售）。

這兩招的目的當然是增加最終銷售額。我不僅賣電腦，還賣（我自行開發的）教學軟體、電腦防塵套，甚至特製電腦桌，雖然現在我們很難想像要靠一大張桌子來擺電腦與螢幕。追加銷售與交叉銷售很耗時，但成效不錯，店長非常高興。

如今許多追加銷售與交叉銷售靠複雜演算法完成，憑購物紀錄設法預估你可能喜歡的產品。每當你在亞馬遜網站買一項商品，你會收到其他產品的推薦廣告，還會收到購買相同書籍或唱片等商品的其他客戶的簡略購物清單。無論你是用串流媒體播放網站 Netflix 看電影，還是在無數其他網站做任何活動，也都納入計算。

這類推薦對銷售影響甚大，因此線上購物網站投入巨資改進演算法。二〇〇九年，Netflix 舉辦演算法比賽，只要誰的作品勝過現有演算法，誰就能獲得一百萬美元獎金。結果獲勝隊伍的演算法比舊演算法的預測準確率高一〇%，消費者能收到更精準的推薦電影，Netflix 的業績與銷量隨之增加。

多數企業認為最佳點子來自公司內部的少數金頭腦，像是天縱英才的創辦人、高瞻遠矚的執行長，或者負責「創新」的資深主管，但我們反覆發現，群眾智慧能得出更佳結果，牽涉突破性創新或重大問題的案例尤其如此。

許多群眾外包平臺有背景多元的廣大群眾，供企業與非營利組織獲取智慧共享的力量。開放創新平臺 InnoCentive（www.innocentive.com）堪稱箇中翹楚，共計三十餘萬名會員熱中於幫人解決問題，使用者超過一千三百萬名，企業與非營利組織能張貼問題與獎金金額，再由網站居中協調雙方的交付方式。

InnoCentive 的成功解答率高達八五％，站方認為創新源自於不依靠單一個人、部門或公司解決問題。簡言之，站方相信智慧共享。許多私人企業與公家單位，諸如**寶僑公司（Procter & Gamble）、波音公司與美國太空總署等，正靠智慧共享設法創新，替問題找出超乎想像的新解法，既省時又省錢**。

比方說，美國太空總署在 InnoCentive 平臺設有專區（或稱為「擂臺」），提出千奇百怪的問題，像是如何在太空保存食物、如何預測太陽活動，甚至是如何讓太空人在遠距太空旅行或國際太空站上輕鬆洗衣服，最後一個問題總共從三十萬名「解答者」身上收到將近六百個點子。

連情治單位也靠智慧共享改進對未來大事的預測能力，進而創造更好的世界。外界時常批評情治單位沒有預測重大危安事件並加以阻止，例如：沒有預測到恐怖攻擊與示威抗議，也沒有正確判斷其他國家是否握有大規模毀滅性武器。高等情報研究計畫部（Intelligence Advanced Research Projects Activity，美國國防部高等研究計畫局的轄下分部）正邀大眾「一起設法提升情報預測能力」，花錢贊助數個研究計畫，供業餘人士預測對情報體系至關重要的未來事件。

其中一項研究計畫由賓州大學與柏克萊大學負責，稱作「優質判斷專案」（www.goodjudgmentproject.com），始於二〇一一年，目前已有數千名一般民眾針對不同問題提出預測，例如：「伊朗與美國是否能談成核武協議」，或是「加薩走廊的哈馬斯武裝分子是否會用飛彈攻擊以色列」。研究結果指出，「優質判斷專案的預測往往勝過握有機密情報的分析人員」。

優質判斷專案的研究團隊找出提升預測準確度的方法，那就是追蹤每位預測者的成功率，把前二%準確的預測者列出來，稱為「超級預測者」，他們的群體預測通常比其他各類預測準確，甚至勝過中央情報局。你也許會好奇這群人的背景，懷疑他們是否受過特別訓練？

其中一位超級預測者是伊蓮．麗茲（Elaine Rich），現年六十歲，她在提起如何預測全球大事時說：「我只是個藥師，沒人在乎我，沒人知道我尊姓大名，我的職業名聲不會受損，形同享有匿名的保護，所以能自由講出心底真正的預測。」

伊蓮待在馬里蘭州的自家廚房，針對敘利亞難民潮等議題做預測。根據美國國家廣播公司引述的報告，伊蓮與其他超級預測者對世界大事的預測準度甚高，比握有機密檔案的情治人員高三〇％。這結果也許關乎中央情報局內部的團體迷思，超級預測者則沒有暗自預設立場，也不會因為預測結果而危及飯碗。

研究團隊蒐集每位超級預測者的預測，跟數月或數年後的實際局面比對。就每個問題而論，只要超級預測者認為發生機率超過五〇％，就算「同意」該事件會發生，當半數以上的超級預測者同意就算達成群體協議。

有句猶太古諺說：「愚人才聽預言。」別誤會我，我不認為有誰能未卜先知，但許多企業需對未來做出準確預測，或成或敗端賴於此。如果柯達公司更清楚預見數位攝影的未來趨勢，如今也許不致破產。

企業能從高等情報研究計畫部獲得啟發。如果你們公司十分仰賴趨勢預測，不妨考慮靠智慧共享集思廣益，但不是採用所有群眾的預測，而是**採用前二％高手的**

預測，當作發展策略建議。

在本書付梓之前，尚無縱向研究指出，群眾是否比專業人員更能準確預測地緣政治變化。照理說，群眾的預測結果至少該跟專業人員不相上下，可惜情治單位不願公開當下的預測，也不願說明哪些人員對國內外政經大事做出正確或錯誤的預估。美國高等情報研究計畫部預測專案的首席研究員德克・瓦納（Dirk Warnaar）博士指出，專家往往「跟手頭上的主題太過貼近，反倒心存偏見，無法妥善做出預測。」只有情治單位自己知道群眾智慧是否勝過靠間諜出生入死的老派方法，可惜我懷疑他們永遠不會公諸於世。

如果智慧共享能幫美國太空總署解決涉及微重力的複雜問題，還能幫中央情報局預測全球大事，那麼你當然也能仰賴智慧共享的協助，把履歷表寫得更好，獲得寶貴工作經驗，甚至轉換全新跑道。談到職場的智慧共享，如果你有興趣觀看可用資源的介紹短片，請上：mindsharing.info/career。

在工作茫然時，幫你找到熱情所在

哈妲絲．法蒂（Hadas Vardi）是一位來自以色列第二大城特拉維夫的二十八歲女子，從事電影節目製作工作將近四年，熱愛電視產業，可惜這份工作並不穩定，節目規劃製作也充滿起伏變化，於是她認為轉換跑道勢在必行。她有帳單要付，即將滿三十歲，該是時候看重穩定而非熱情。

法蒂想探索職涯新路卻茫無頭緒，不知從何著手，也不知哪條路比較有趣而值得追尋。有些朋友建議她找專業職涯顧問，藉此評估自身技能，找出合適的工作領域。經過無頭蒼蠅般的幾個月，法蒂改變想法，決定在臉書發文：

> 我決定離開電視產業，找一個穩定的新方向，卻至今毫無頭緒，所以決定替自己辦一個職業體驗活動，而且需要大家的幫忙。如果你覺得你的工作有趣好玩，待遇又不錯，不知道能不能讓我花一天實際體驗看看。藉由這個「臉友工作體驗日」活動，我能體驗你的工作，了解是否符合我的天分與熱情。

法蒂得到將近五十則回應，許多臉友邀她體驗他們的工作。此外，還有無數網友分享這則貼文，稱許她的勇氣與創意。她檢視各個邀約，選定其中五位進行一日工作體驗。

起初她緊張兮兮，不確定自己是否受歡迎。她跟其中幾位臉友素昧平生，不確定跟他們工作一日會有何收穫。出乎意料的是，她在每個工作體驗地點受到熱情接待，其他同事樂於協助，她體驗到日常工作狀況，跟同事交談，甚至還跟其中幾家的執行長談到話。她了解到在新創公司工作的點點滴滴；她在一家專辦婚禮的小公司待了一天；她弄懂攝影師的職場要求，探索經營攝影公司的箇中滋味。

在每個「體驗日」，她想像自己做這一行會是什麼感受，好好體會，看是否有哪份工作讓她像在電視產業那般每天神采奕奕。這些都是穩定的工作、穩定的行業，她知道自己需要穩定，但在每天的體驗結束以後，她總覺得少了些什麼，悵然若失，不明所以。

最後她發現最重要的不是求穩定，而是每天做喜歡的工作——做有熱情的工作。有了這個體會，她決定繼續做最得心應手的工作，完全不會感到辛苦的工作，即繼續待在電視產業。

智慧共享並未幫她找到新行業，而是讓她回過頭重操舊業。她明白節目製作縱有缺點，卻是她真正的熱情所在。這一行有另一種不同的穩定，不是確保她每月有錢繳貸款，而是讓她好好從事這輩子的志業，至於其他事情終將船到橋頭自然直。

她起初希望靠智慧共享做出更好的職涯選擇，卻赫然發現自己最適合的就是：原本這一行。談到職涯與人生，很難預料智慧共享會把我們帶到哪個地方，但絕大多數會是最適合我們的地方。

第3章

打通職場任督二脈，你的人力銀行

在你花兩秒鐘讀這句話之際，就有四個人剛加入 LinkedIn。LinkedIn 有二億六千萬名會員，無疑是跟專業人士共享智慧的最佳平臺。無論找工作、建立職場人脈或招募新進人員，你都能上 LinkedIn。

我自認對 LinkedIn 的各種特性瞭若指掌。如果你不怎麼了解 LinkedIn，上亞馬遜網站搜尋一下，總共有二千一百四十五本書以 LinkedIn 為主題。不過誰有時間讀二千一百四十五本書啊？我決定用臉書上的社群人脈做個實驗，底下是我的貼文：

> 我有用 LinkedIn 建立職場人脈，卻懷疑 LinkedIn 到底有多大價值。我每幾個月會登入進去確認聯絡人邀請，但僅止於此。根據你們個人經驗，LinkedIn 最實用的地方在哪裡？感謝。

我得到近百則回應以後，找上一個 LinkedIn 專家跟他分享。現在是驗證智慧共享其中一項基本假設的好時機：由一大群背景多元的群眾集思廣益，得出的答案是否跟專家見解不分軒輊。

我的群眾提出許多善用 LinkedIn 的重點，結果我很高興的發現那位 LinkedIn 專家也抱持相同見解。

如果你自認對 LinkedIn 一清二楚（或者早已讀完那二千一百四十五本書），請自行跳到本章說明如何憑 LinkedIn 共享智慧的部分，不然我們就先一起探討 LinkedIn 的幾大特性，再研究如何利用 LinkedIn 上的群眾智慧。

線上個人履歷，向世界展現你的專業形象

我的群眾與那位專家的最大建議是：個人檔案最重要。**這是你的線上履歷表，是你展現給世界的專業形象**。首先，**專業形象務必搭配專業照片**。你可以在臉書放大學時代撐在啤酒桶上倒立的瘋狂照片，但 LinkedIn 不同，別人在這裡是想知道你是不是理想的生意夥伴或職員，而沒人想跟在啤酒桶上倒立灌酒的傢伙做生意。只要你替檔案加上頭像，點閱率會提高七倍。不放頭像最省事，但會害你沒人理。沒

人想跟不放頭像的傢伙往來，所以好好挑一張頭像吧。

接下來是你的產業、經歷與學歷，盡量寫得詳盡完整。還有個區塊能簡介你的專業身分，LinkedIn 建議最少要寫四十個字，藉此提高別人搜尋到你的機率。想找工作嗎？你可以使用職缺選單旁的搜尋功能，也別忘記用 Glassdoor 網站（前一章提過）獲取未公開職缺的小道消息。在寫專業簡介時，記得加進工作說明上的特定關鍵字。這裡並不是舞文弄墨，恣意揮灑的地方，要是太過舞文弄墨（甚至寫起詩來），別人反而搜尋不到，還不如簡單自稱「文筆不錯」即可。各行各業都有特定常用的工作說明詞彙，你該找出你這一行的常用詞彙，寫進專業簡介裡。此外，專業簡介與履歷表不宜誇大其辭，有些徵才主管一看會自動跳過。你當然可能確實「超級聰明」或「團隊合作能力絕倫」，但此處不適合這樣寫。

養成常登入的習慣，才能盡快確認聯絡人的邀請與新增訊息。你永遠不知道人脈網路裡的誰會突然給你一個天大好機會。LinkedIn 建議每月更新個人檔案，藉此展現最新的工作成果。想一下你參與過哪些精采的專案，別羞於公布，而是積極在專業世界煥發光芒，無論你是想跳槽或升遷，時常更新 LinkedIn 個人檔案能助一臂之力。此外，**當潛在生意夥伴或雇主找到你，個人檔案往往是你在他們心中留下的第一印象，因此該把個人檔案當作與人初次握手：務必沉穩大膽的展現專業形象。**正如握手時不該軟弱無力，LinkedIn 的個人檔案亦然。

如果你很久沒上 LinkedIn，你會看到很多新區塊（這是另一個應時常登入並更新檔案的理由）。「志工經歷」是常遭忽略的檔案區塊。你在地區收容所當過志工嗎？你替某個非常關心的對象募過款嗎？這些都列入個人檔案吧。根據 LinkedIn 的研究，四二%的受訪招聘主管自稱同樣重視面試者的志工經驗與工作經驗。

「推薦」是另一個功能。聯絡人能肯定你所列的擅長技能，還能建議你把其他技能加進個人檔案，只是這功能有時會造成麻煩，別人可能替你隨意新增可笑的技能，例如：「飆罵三字經」、「擄人勒贖」或「迴旋踢」，於是你成為愛飆髒話的迴旋踢綁匪，但大概不希望別人繼續踴躍推薦這些技能，給潛在雇主看笑話。幸好你能加以編輯與移除，甚至索性關閉推薦功能。

最後還有個值得一提的檔案功能，那就是可以加上多媒體，像是影片、照片、文件或簡報，藉此呈現你的技能、成就或專案。在個人檔案列出豐功偉業是一回事，展現得有聲有色是另一回事。

建立與經營 LinkedIn 的個人檔案至關重要。你該時常更新，但請記得每次更新時所有聯絡人都會收到通知（包括有加為聯絡人的主管），如果這會造成困擾，記得設定為不寄送通知。另外，你不妨參考你那一行的佼佼者是如何呈現個人檔案，觀察他們的關鍵用詞、專業簡介與他人推薦。

一旦個人檔案經過悉心調整，下一個重要步驟很簡單，即擴展職場人脈。LinkedIn 供你匯入各種通訊錄（例如：Gmail 信箱和雅虎等）的聯絡人，邀請他們把你新增為 LinkedIn 上的聯絡人。這十分有效，可以一次建立起基本人脈。在這之後，每當你遇見任何人或發現誰很有意思，你可以邀請他們把你新增為聯絡人，這比要名片有效太多。大家會跳槽或升遷，名片可能過時，但只要你已經跟對方是聯絡人，從此隨時能聯絡，互相掌握職涯動態。

最後一個重要功能是「內部郵件」（InMail）。假設你想寄信給美國媒體大亨亞利安娜・哈芬頓（Arianna Huffington）、比爾・蓋茲、維珍集團創辦人理察・布蘭森（Richard Branson），或某位你所中意公司的高階主管，但要取得比爾・蓋茲的電子郵件地址可不容易，連在微軟任職的我都沒辦法。

然而多數業界高層都是LinkedIn共計二億六千萬名用戶的一分子，如果你想找的對象也有用LinkedIn，你可以直接寄內部郵件過去。這是付費功能，但如果你有意到城裡某間科技公司工作，靠這個功能可以直接寄信給該公司的執行長，那麼我強烈建議你花錢升級帳戶，從此你幾乎能直接聯絡上任何人，包括我在內。

社團臥虎藏龍，跟你一起面對、解決問題

LinkedIn上有數十萬個社團，成員屬於相同專業背景，諸如產品經理、內科醫師、訴訟律師和幾乎任何想得到的職業都有社團，成員間可以集思廣益。

在加入社團後，你可以向該領域的專業人士提出問題並獲得回答。你可以搜尋最符合你個人專業的社團，從最大的幾個做挑選。比方說，假設你是行銷專業，你大概會搜尋行銷（或廣告、溝通等）類社團，搜到的社團筆數超過五萬二千筆，接

著靠社團大小與相關程度縮小範圍，如果看到哪個社團也許不錯，就點擊名稱與資訊圖示，查看簡介與數據，得知成員人數、活躍程度、成員背景統計，還有主管級成員所占比例。

加入社團後，點進討論頁面，查看成員提出的問題種類。有些社團有自訂規則，記得查看。接下來試試看——提出自己的問題。LinkedIn 的智慧共享威力十足，有助於省下時間與金錢，很可能替你解決最困難棘手的工作問題。

（若需按不同專業分門別類的推薦社團列表，請上 mindsharing.info/LinkedIn。）

賽伊．庫斯納（Sai Krusshna）是一名來自馬來西亞的二十四歲學生，赴英國史塔福郡大學攻讀資管碩士學位以前，先是在印度一座牧場擔任營運主任與合夥人，負責過許多專案，有些以失敗收場。在他要開始寫碩士論文時，他回想牧場生涯的許多洩氣日子，決心探討專案失敗的原因。

他花將近一百個小時想找出專案失敗的實際原因，讀過無數文章、論文與書籍，其中有些值得參考，但大多只是浪費時間。經過近百小時的累人研究，他依然毫無進展。

他很洩氣，決定換一招，即求助於 LinkedIn 上的社群人脈。他登入 LinkedIn，找到一個社團「專案經理園地——第一名的專案經理社團」。這個社團有四十八萬七千一百六十三位成員，每位都是經驗豐富的專案經理。他加入之後問：

> 嗨！我是個碩士學生，打算以碩士論文探討專案失敗的原因，請問各位能建議我該特別著重哪個層面嗎？

他靜靜等待，最終收到全球各地專案經理的二百六十九則回應。先前他花好幾週埋首研究卻一無所獲，這次找一群專家集思廣益，不到一小時就找到答案。大家讓他清楚鎖定一個研究方向，那就是「團隊溝通」，而且大家也說服他縮小研究範圍。

他發現這個 LinkedIn 社團實在是寶貴資源，後來他的研究不只幫到自己，也幫到社團裡的無數成員。我們再度見證到集思廣益確實很有價值，形同雨露均霑，大家一起面對問題，也一起解決問題。

縮短流程，提升效率

LinkedIn能在其他方面對你有所幫助。塔米爾・胡柏曼（Tamir Huberman）是以色列一間技術移轉公司的資深副總裁，他們公司協助學界把專利授權給有興趣的私人企業，其中一項他要兜售的專利可以把飛機座椅改造為「智慧座椅」。他提起時，我立刻笑了，樂見周遭一切變得「智慧」。我可以有智慧電視、智慧手錶跟智慧眼鏡，現在連搭飛機都有智慧座椅？好點子。它能用來替後續行程訂票嗎？在長程飛行途中唱催眠曲嗎？還是用來查電子郵件？

這時胡柏曼打斷我對「智慧」座椅的幻想，解釋說事情並非如此，那種座椅是用來大幅降低深層靜脈栓塞的風險。深層靜脈栓塞有可能致命，又稱為「經濟艙症候群」，每年影響數百萬名乘客，起因是長期坐在難以活動的狹窄地方，也就是經濟艙。

在過去，胡柏曼必須花一年研究許多公司與內部人員，調查他們是否對特定專利有興趣，等找到並聯絡完，還要設法直接跟公司高層接觸，這如我們先前所言並不容易。

但這是老方法，如今他則靠 LinkedIn 加速整個流程。他手上有智慧座椅的專利，只需要在相關社團貼出深層靜脈栓塞的資訊，加上一句：「大家認為誰會對這個專利有興趣？」短短二十四小時，他得到許多公司與聯絡人員的名單，一年的工作靠 LinkedIn 縮短為一天，令他高興到不得了。此外，有人還告知說飛機座椅製造商即將舉辦一場研討會（顯然任何東西都有研討會）。藉由 LinkedIn 的智慧共享，他綜觀市場，得知關鍵人物的聯絡方式，替賣出專利做好準備。如果你以後搭機時坐太久，面臨深層靜脈栓塞的風險，座椅內建的感應器會通知空服員，而你該感謝胡柏曼與智慧共享，讓你不必面臨巨大痛苦……

運用社群人脈，必須當個「傾聽長」

目前有執行長、營運長、財務長等「長」字輩職稱，表現一個職位在企業內的

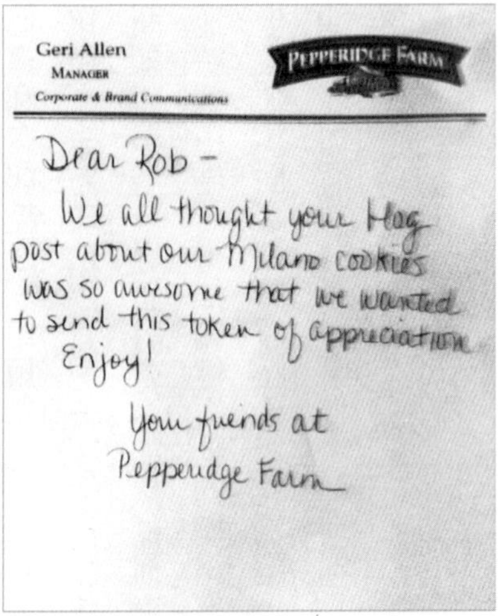
Geri Allen
Manager
Corporate & Brand Communications
PEPPERIDGE FARM

Dear Rob -
We all thought your blog post about our Milano cookies was so awesome that we wanted to send this token of appreciation. Enjoy!
Your friends at
Pepperidge Farm

▲培珀莉餅乾公司的傾聽長看到部落客羅伯．蓋瑟的好評文章後，特地寫信給羅伯，以表示感謝。

重要性，而且我們日漸發覺還有必要加入「傾聽長」（CLO，Chief Listening Officer）。無論在LinkedIn、推特或臉書，消費者與職員都在談論你的公司、產品與企業文化。傾聽長的職責是傾聽他們說的內容，且是在公司內部促進集思廣益的主要人選。傾聽很耗時，但不傾聽可能損失慘重。

運用任何社群人脈，必須掌握傾聽的藝術。有些企業做得很好，有些企業做得不好，消費者都一清二楚。

培珀莉餅乾公司（Pepperidge Farm）是做得好的例子。二〇一三年，有個無名部落客寫了一篇〈薄荷米蘭餅乾：培珀莉餅乾公司的好滋味〉，講說他剛愛上薄荷米蘭餅乾。培珀莉餅乾公司一定有負責耳聽八方的傾聽長（感謝 Google 快訊功能〔Google Alerts〕），他不僅發現這篇文章，還做出回應，這個名叫羅伯・蓋瑟（Rob Gunther）的部落客收到培珀莉餅乾公司的來信（見右頁圖），隨信附帶一大堆薄荷米蘭餅乾。

這是企業正確傾聽的例子。此舉永遠贏得一位顧客的心，而當蓋瑟跟他的群眾分享驚喜之後，培珀莉餅乾公司形同做了一次良好的公關，效益遠遠超過二十四包餅乾。

然而不是所有企業都深諳傾聽的藝術，懂得回應的竅門。比方說，有個顧客到達美樂披薩的臉書官方專頁發文稱讚說披薩很讚，結果達美樂裡沒人傾聽，不是感謝她，反而以自動道歉來回覆。

傾聽長遠遠不只能服務顧客與做公關而已。**藉由真正傾聽顧客，主動善加共享智慧，企業可以做出改變或微調，開發新產品，從不同方向從事行銷與廣告工作。**群眾智慧有助擬定生意計畫，導引策略走向，提出更佳服務，提升消費者的品牌忠實度。企業跟消費者集思廣益，重視他們的智慧，這樣有助培養顧客，建立可貴的私下關係，雙方一起讓企業蒸蒸日上。

我在微軟時參與作業系統 Windows Vista 的推出計畫，結果相當失敗，絕大多數消費者都不想用這套作業系統。如今是社群網站的時代，這種錯誤永遠不會發生，畢竟這套作業系統有很多程式錯誤跟相容性問題，跑起來也很慢，根本不可能上市推出。如果協助測試產品的消費者大有意見，（有在傾聽的）公司根本不會推出產品，要是公司忽視群眾智慧，群眾可以在上市前先把產品給毀了。

大家都希望說話有人聽，對企業或個人皆然。你該留意消費者與職員在網路上的發言，向群眾智慧學習請益。

智慧共享能幫你，也能毀掉你

數位時代來臨，工作與生活的界線可以模糊不清。二〇一三年十二月，美國電子商務控股公司（IAC）公關總監賈絲汀·薩柯（Justine Sacco）在推特說，她即將在倫敦登機，飛往南非度假。她是用個人帳號發文，只是為了好玩（提到非洲與愛滋），沒想到卻在推特上遭瘋傳，大家認為她種族歧視與沒同理心。在她降落南非之際，那則推文已經傳遍全球，內容：「要去非洲囉！希望我不要得愛滋病！開玩笑的啦！畢竟我是白人啊！」像病毒般掀起旋風，有網友用她的名字註冊網域，連到非洲抗愛滋的捐款網站，而公司也把她炒魷魚了。就一趟短短的航程，就因為一則無心的推文，這位公關主管不僅丟掉工作，以後在公關產業也根本混不下去。

如今企業會傾聽網路上的風吹草動，既傾聽顧客，也傾聽職員。此外，如果你正在找工作，徵才單位絕對會查看你的社群網站、LinkedIn 檔案與推特等。你可以調整臉書的隱私設定，只允許特定對象看見你的動態、照片與活動，但推特是完全公開的，而且正如那位紐約公關主管的殷鑑，寥寥一百四十個字足以毀掉你的職業生涯。

智慧共享有益工作與職涯，但水能載舟亦能覆舟，社群網站也可能危及你的事業與生活（第三部會探討）。如今我們在職場上前所未見的彼此相繫，但凡事有利也有弊。**在你經營 LinkedIn 檔案、推特帳號與臉書專業之際，記得問自己是否有哪**

些內容是不希望被老闆看到，不希望被顧客看到，不希望被同事看，再思考如何修正。社群網站對企業界還是一個相對較新的領域，在下一章我們會探討經營社群人脈的方式，讓智慧共享更明確而有效。

Part 2

智慧共享的藝術

第4章

如何經營群眾，顧好數位關係？

我們探討過建立群眾的方式與平臺，也見識過智慧共享如何讓你在職場如虎添翼，接下來本章把重點擺在建立與經營線上關係。真正的人際關係要花時間與力氣來維持，你跟群眾的關係也是如此。所有關係都要找到平衡點。如果你花全副心力靠智慧共享來研究為人父母之道，卻忘記真正花時間在孩子身上，就是忽略平衡。

幾年前，我在家附近一家咖啡廳吃早餐，看見兩個排隊買冰淇淋的小女生互相打招呼，很高興見到對方。我聽見其中一位說有重要事情要告訴另一位，但她說：「可是現在先不說，晚上我再用臉書告訴妳。」

我很驚訝，想起身跟那個女孩說：「妳們是朋友吧？妳有件很重要的事情要告訴妳朋友對吧？既然現在妳們在排隊苦等冰淇淋，為什麼不現在就告訴她呢？」

在以色列，把意見告訴陌生人是很稀鬆平常的一件事，但我先忍住不說。

我花了些時間弄懂剛才的事件，探討令我疑惑的原因。這一對朋友心領神會的是她們能上線隱密對談，而不是在冰淇淋櫃前面公開交談（這樣可能會有陌生人插嘴表示意見）。

談到數位人際關係，像我這樣出生於沒有網路的世代會不太習慣，年輕世代則視為理所當然，打心底知道各種溝通方式有利有弊，處理起線上人際簡直輕輕鬆鬆。不像我們當中有些人需要協助。

健康關係一〇一

為求有效共享智慧，我們必須跟群眾建立健康的數位人際關係，亦即學會如何妥善管理數位世界的人、事、時、地、物。

如果你是運用外部平臺（例如：Quora 和 LinkedIn）的社群人脈，不必花太多時間與精力經營關係，只要貼出問題（但願是個有效的好問題，我們會在下一章詳加探討），接著就好好靜候佳音。如果你是運用內部平臺（例如：臉書和推特），則必須跟群眾維持好關係，正如跟人生中各個重要對象也必須如此。

白俄羅斯創業家蓋瑞・范納洽（Gary Vaynerchuk）是社群網站界的一大意見領袖，在推特有超過一百萬名跟隨者，是靠數位工具建立社群的高手，定期在部落格新增影片，擅長跟群眾與粉絲互動。

我單刀直入地請范納洽舉出建立數位人際關係的最大重點，他的回答十分簡單：努力。要怎麼收穫，先怎麼栽，跟一個人往來是如此，跟一百萬個人往來亦然。

別像一夜情，事後就不理

當建立智慧共享所需的社群人脈，記得**別只抱持三分鐘熱度**。你該建立的關係是細水長流，**不是一夜激情，既不該莽莽撞撞，也不要咄咄逼人**。換言之，你該先跑過每個壘包，全壘打才有意義。你要認識群眾，群眾要認識你，如此才能建立親密互信。如果你想不勞而獲，那就只在大型外部平臺運用智慧共享，這類地方的群眾不必知道你是何方神聖，你甚至不必秀出真名，只要提出問題，獲得解答，然後拍拍屁股走人。這是智慧共享的「事後不理」版本，不算多令人滿意的關係，但能達到目的。

相較之下，經營內部平臺需要耐著性子付出時間精力。你不會一夜之間出現一萬名樂意幫你解決大小難題的追蹤者，但要是你跟群眾互動，跟群眾「約會」，好好尊重，終將建立雙方滿意的密切關係，足以延續一生。也許你要花幾個月，甚至一年，才能跟群眾建立「互相投入」的關係；或者也許你已經結識一大群人，準備邁向下一個階段。不過無論你是要一個一個從頭建立人脈，還是已經有一大堆後盾，經營數位關係的訣竅都如出一轍。

經營社群人脈的祕方

我剛開始寫部落格時感覺非常寂寞，很想問有人在嗎？有人在讀我寫的東西嗎？我值得投入這樣的時間精力嗎？我想獲得一大群人的愛戴，卻不知從何下手。後來，我決定**表現得真誠，不要為了吸引大批讀者而違背良知，而是只寫真正感興

趣與受啟發的東西：科技、社群網站帶來的市場創新、替生活帶來便利的酷炫新產品，還有我女兒在數位時代的成長點滴。此外，當時部落格是個我認為別具潛力的較新概念，因此我也分享對寫部落格的熱忱。慢慢下來，我發現大家最喜歡看我描寫各類生活點滴，還有描寫女兒跟家人的小故事。由此可見，「說故事」不只在面對面的日常生活很重要，在數位世界亦然。

大家最不喜歡看的則是無趣瑣事，還有無法傳達出意義的生活紀錄。「意義」不代表要多深刻奧妙與饒富哲理，重點貴在真實。你可以貼貓的影片，因為這類影片很受歡迎，能激發回應；或者你可以拍下自家愛貓的身影，描述你是怎樣開始養這隻貓，牠對你有何意義。兩支影片也許都很有趣，但只有一支代表真實。

經營社群人脈絕對要力求真實，畢竟大家一向能看穿背後意圖。起初我沒多少讀者，但我不願放下堅持，選擇堅持到底，結果讀者一點一滴漸漸增加，從我的部落格發現價值，開始跟朋友分享。價值當然是個主觀認定，但當你替自己與群眾界定價值之際，不妨捫心自問：**什麼能刺激我的思考？什麼能引起我的好奇？什麼能啟發我？什麼能讓我哈哈大笑？什麼能讓我將心比心？什麼能讓我快樂？什麼能讓**

我成為一個比昨天更好的人？你怎麼回答，你的價值就在其中。

在此提供一個不妨嘗試的小實驗，那就是花十五到二十分鐘瀏覽臉書上的動態消息，讀每位朋友發的動態，每讀到一則就問自己：這有帶給我什麼價值嗎？我得說我很喜歡臉書上的朋友，相當珍惜他們，但當我做這項實驗，多數發文都沒有多少價值，例如：以下發文對我即價值不大：「我剛起床」、「心情不太美妙」或「今天好開心」。許多人喜歡分享手邊在做或剛才碰到的日常瑣事，儘管（有時）內容不差，但**分享對他人具意義的內容還是更好**。

問題在於，如果你盯著食物的照片不具意義，什麼才具意義？也許你熱中於美食與烹飪，夢想有一天當上大廚，錄製專屬烹飪節目。若是如此，分享對烹飪的熱情就能替群眾帶來價值，所以快跟他們分享你從飲食學到的精采心得吧。

但別分享你今天吃什麼晚餐。

而是分享食譜的連結，分享你大膽探索廚藝的故事，分享厲害名廚的影片，或者分享你學烹飪時的趣事，這些才有價值，群眾會樂意回應，看見箇中意義。

現在我提供一個實例。假設你對下廚很有興趣，想讓群眾參與並提供價值，而且才剛辦完一場晚宴，親手做的蘋果派贏得滿堂采。

你能發的五種動態如下，價值由低到高：

1.「我做了超讚的蘋果派。」

2.「這是我今晚烤的蘋果派，朋友說真是好吃極了！」

3.「製作美味蘋果派的祕訣是OOXX。」

4.「我剛邀朋友過來用完晚餐，這是我做的蘋果派，兩分鐘內被大家吃得精光（附上照片）。我在此公布食譜，做出美味蘋果派的祕訣是OOXX。」

5.「我剛邀朋友過來用完晚餐，這是我做的蘋果派，兩分鐘內被大家吃得精光。這是我個人部落格的連結，上面有製作蘋果派的食譜跟影片，你不妨試試看，順便告訴我成果如何！」

如你所見，第一則動態只陳述事實，對群眾沒有價值，無法激起迴響，無法帶來啟發，大家沒必要分享或回應。

第五則動態不然，對群眾也許甚具價值。我不是說你的每位朋友看了都會立刻動手做蘋果派，但他們也許會想知道你的祕訣，跟喜愛烘焙的友人分享，那些友人因此光顧你的部落格，也許見識到你的下廚點滴與烹飪夢想。

無論你對哪方面有熱情，這個例子都適用，舉凡法律、稅改、健保或軟體動物的性行為皆然。**經營數位關係的祕方就是持續提供價值**：日復一日，每則動態皆然。你會吸引到志趣相投的群眾。

社群人脈於焉建立。

懂得即時感謝、經常感謝

你付出心力，提供價值，讓群眾成為社群人脈，接下來你一定要表示感謝。所有人際關係都在感謝中成長茁壯。感謝雖小，益處很大。

我講完TED演講回家以後，想感謝所有讓我順利講完並完成夢想的人，於是在我任教的大學舉辦感謝會，邀請我的群眾參加，盡量具體感謝每個人的貢獻，展現我有多珍惜他們的價值。

貢獻最大的是歐爾・薩吉，那個建議我請牛上臺的十六歲少年。先前我造訪離好萊塢不遠的長灘，買了一座奧斯卡小金人的複製品，在感謝會場上，我請薩吉上臺，把獎座交給他，大家紛紛起身喝采。那個時刻無比美妙，大家明白我有多感謝他們的貢獻。

你從群眾得到精采點子以後，不必租借大型場地頒獎給他們，但務必表達感謝之意，謝謝他們撥冗幫忙。如果人數太多，你無法一一感謝，但只要你傳達對大家的謝意，每個人看到都會明白。沒人想跟不知感謝的傢伙來往。你該跟群眾即時感謝，經常感謝，謝謝他們給的意見、點子、時間與心力。

這些錯誤毀掉社群人脈，你犯幾個？

如果你對建立與經營群眾不熟，你終究會犯錯。沒人天生知道如何妥善經營人際關係，往往只能從錯誤中記取教訓。

然而數位世界不同於真實世界，要絕交實在輕鬆方便——按個鍵就能從朋友名單移除。如果親戚長輩在我放假時說了不中聽的話，我不能隨意跟他們絕交，從此走自己的陽關道；如果好友跟我意見不合，我不能輕易「封鎖」他們，假裝他們從未存在。

然而你的群眾隨時能點一下滑鼠，從此消失無蹤。這種事你實在不樂見。

現在來檢視最容易毀掉社群人脈的常見錯誤：

推銷商品

如果你老想賣東西給群眾，他們沒多久會一個個消失不見。大家會在門口掛

「謝絕推銷」告示牌自有道理，沒人想老是被推銷員或廣告疲勞轟炸。趕走群眾的最快方法就是讓他們認為你別有所圖。

不理不睬

如果你不迅速回應或表達謝意，群眾會很快灰心。如果有人問你問題，你該趕快答覆，畢竟社群人脈該雙向互動。如同先前所述，如果你不付出心力或表達感謝，群眾（至少）會覺得沒趣，轉移陣地或從此閉嘴。沒人喜歡被利用的感覺。

亂搞失蹤

想像你長期交往的對象突然不見人影，不回電話，不回簡訊，打過去始終手機不通，你會做何感想？我想你大概不會多開心。群眾也是如此。離開數位世界很容易，有時根本太過容易。無論你要找個地方安靜十天、不上線一個月，或者到沒有無線網路的偏遠熱帶小島度假，你都必須讓大家知道你會消失一陣子。別一聲不吭就搞失蹤，否則回來後會發現大家也失蹤了。

說話無禮

別忘記行事準則，平時怎麼做，在網路上就怎麼做。別人不在你面前，但不代表你可以隨便出口傷人，安然躲在螢幕後面大放厥詞。你先尊重別人，別人才尊重你，如果確實冒犯到別人（這在所難免）就立刻道歉。人人會犯錯，但也人人能認錯，好好道歉並保證絕不再犯。我曾誤闖一個只准女性加入的臉書社團，那時我就必須道歉，從此記取教訓。

代問，就像出借廉價的玩具

想像有人走過來跟你說：「嘿！我很喜歡你老婆，她看起來很能幹，事情處理得很好，很像有幫夫運，所以我想說能不能借她來幫我做一件事？」借用群眾也是這樣。

我開始懂得智慧共享的藝術以後，許多朋友跟同事想請我示範，替他們向我的群眾問個問題。起初我沉浸於社群人脈的成功，樂於跟人分享，因此替朋友動用我的社群人脈，把他們像十元商店的廉價玩具般借出去。

但他們覺得不滿。

沒人喜歡這樣。臉友開始抱怨說我很煩。他們說我提出太多問題，其中有些顯然是幫人代問，搞得他們彷彿被利用了。

我感到羞恥。

我立刻停止不當做法。現在誰說要「借用」社群人脈，我會堅決婉拒。我怎麼對待生命中的重要對象，就怎麼對待我的社群人脈，善加珍惜，悉心呵護，確保我的付出多於回報，從不做貶低他們的行為，從不浪費他們的時間。

尊重是互相的，在現實世界與數位世界皆然。如果你把社群人脈當作珍惜的對象般好好對待，他們會在你需要之際挺身而出，否則你只好眼睜睜看著他們離你而去。

第 5 章

問題怎麼問才能得到群眾智慧？

評斷一個人要看他的提問，而不是看他的答案。

——法國哲學家伏爾泰（Voltaire）

學齡前兒童通常每天問父母一百到三百個問題：為什麼天空是藍色的？為什麼鼻子會從臉上凸出去？小嬰兒是從哪裡來的？而青少年通常不問父母任何問題（除非是三不五時問說：能給我點錢嗎？能把車借給我開嗎？）那麼你呢？你上次在公司問同事或主管一籮筐問題是什麼時候？他們做何反應？長大以後，我們便不再提問了。也許我們在學校或職場學到，想獲得獎勵或賞賜不是靠提出問題，而是靠懂得答案。

為了善用智慧共享的力量，你必須樂於發問——時常發問。不是像學齡前兒童每天提出上百個問題，但要提出夠多問題來引出群眾智慧。提問是一門藝術，有些問題能引出群眾智慧，有些則否。本章旨在探討哪些問題問得好，哪些問題則會讓群眾大感不耐，像是父母被小孩問了一千次：為什麼水是溼的？

好問題有故事、脈絡和理由

我知道好問題包含哪些要素，因為我問過很多爛問題。**好問題必須清楚詳盡與明確具體，最好道出一段故事，具備某些意義**。

想像你在參加晚宴，某個不太熟的人走過來找你攀談。他是某個朋友的朋友，跟你頂多算是點頭之交，你們的談話有些尷尬，提問有些生硬：今天天氣怎麼樣？你感覺怎麼樣？你是做什麼工作？你覺得晚宴的主辦人怎麼樣？這類閒聊亂扯與浮泛提問我們都知道，沒有深度、沒有意義，無從激發真正的交流互動。當你向社群人脈提問，你不會想顯得像是晚宴上的隨興閒扯。如果這個問題不重要，或者答案能輕易靠 Google 搜尋到，就別問出口，沒人有空回答無聊的問題，沒人想加入無聊的談話。你可不想成為晚宴上大家敬而遠之的無趣傢伙。

好問題會先呈現一段故事，說明提問的脈絡與理由。而且要問得真誠。雖然真心與假意的差異並不明顯，但我們都懂得分辨，例如：朋友問說：「你過得好嗎？」銀行行員也問說：「你過得好嗎？」兩個問問題的人不同，激發的答案各異。提問一向是邀請別人來答，當我們邀請大家回答問題，務必要問得誠懇虛心。

釐清需求，問得具體

在跟社群人脈發問以前，先問自己：「我到底希望大家回答什麼？」我在離開微軟以後想買一輛車，對需求一清二楚，因此我不是提出空泛的問題，例如：「我想買新車，大家有什麼建議嗎？」或是：「我需要買新車，買哪一輛會比較好？」如果我這樣問，大家的回答不會切合我家的需求。沒錯，我想開蝙蝠車或水陸兩用裝甲車，但這兩種車大概無法讓我固定嬰兒安全座椅。

反之，我列出我家的具體需求，結果得到一百多則回應。我清楚自己要問什麼，因此不必看到一堆天馬行空的古怪答案，大家也不用反覆發問來釐清我的需求。如果你問得不具體，你無法見識到智慧共享的驚人力量：省時、省錢，得到跟專家不相上下的精采答案。

開門見山，問得簡短

大家跟你沒有兩樣，各有各的生活要過，各有各的事情要忙，如果你想叫人花時間替你腦力激盪，就要尊重他們的時間，問得開門見山，直截了當，清清楚楚，接著退一步讓智慧共享發揮神奇魔法。你該只提供回答所需的背景資訊，他們有問題會再問你，你別浪費自己的時間，也別浪費他們的時間。

如果是靠推特發問，總字數不得超過一百四十字，因此不會問得落落長，但如果是在臉書提問，問題要多長就能多長，有些人根本打字打到欲罷不能。目前臉書動態的字數上限是六萬三千二百〇六字，比這本書少不了太多字（如果你好奇的話，臉書目前出現過的最長動態是六萬二千八百九十六字）。沒人有空讀七到八頁的動態更新，也很少有興致點擊「更多」好繼續讀下去。

然而這個規則有例外，你有時必須說個故事，交代問題的來龍去脈。我們生來會說故事，有時故事勝過直接提問，更能激發大家腦力激盪，但即便如此，仍別忘記讓問題本身保持清楚、具體與簡短。

先前我獲邀在生科研討會發表一場重要演說，決定靠智慧共享集思廣益，看能否得到創新點子。我刻意不直接提問，而是交代為何獲邀演講的來龍去脈，內心認定這樣能激發更好的回答。

那則動態如下：

今天我接到一通電話，對方說：

「喂！李爾，我是雪柔（非真名）。我有個機會想請您幫忙，但在我講出來之前，請先深呼吸一口氣。」

這類來電總令我緊張。我深呼吸，專心聽她說下去。

「兩週後會舉辦大型國際生科研討會，開場講者原本是以色列總統希蒙．裴瑞斯（Shimon Peres），但對我們雙方來說可惜的是，他在最後一刻不得不取消演講，改為接待重要外賓，所以我們希望能請您代替他擔任開場講者。」

這時我心臟撲通猛跳，含糊地說：「謝謝，真沒想到妳會把我跟希蒙．裴瑞斯總統相提並論……」

我非常榮幸能在這場研討會發表演說，主題訂為社群人脈與群眾智慧和醫學的關連。

我想知道怎麼激起觀眾的興致，做法跟帶牛上臺類似，但要跟醫學有關。簡單就好，拿張照片也行，但要有趣跟切題。

大家有任何點子嗎？我保證在得到好點子時讓你們知道。

就這個例子而言，我覺得有必要說明為何我需要徵求創意點子。這段緣由對我別具意義，說出來該能讓大家更樂意回應。此外，我還提出獎勵。不是外顯的獎金，而是簡單的回報，那就是讓他們知道集思廣益後的好點子。我保證會把那個針對大型研討會的中選點子公布出來，回報他們的貢獻，這跟前一章提及的致謝同樣重要。

你必須決定何時能靠故事激發回應，何時講故事反倒畫蛇添足。

我發表那則動態以後，得到許多精采點子，但結果是我誤導了我的群眾。那場演講的觀眾其實不是醫生，而是生科專業人士，所以大家提的點子派不上用場，但這不是因為群眾沒幫忙，是因為我沒把問題說得清楚具體。

後來我還是代替希蒙・裴瑞斯總統發表演說，至今回想仍心有餘悸。

提問時，別犯這些錯

現在我把我提問時常犯的錯誤列舉如下：

問題太多

沒人喜歡聽別人嘮嘮叨叨。如果你在家裡閒閒沒事幹，為發問而發問，一股腦隨便提出許多問題，或是剛接觸智慧共享的力量而沉迷其中隨口亂問，那麼大家會在你說「請問」以前先棄你而去。**運用社群人脈不代表嘮嘮叨叨的逼迫群眾替你做決定**（切記，你是在邀請大家來回答）。如果你真有一百萬個問題立刻得問，應在不同平臺提出，別急著給群眾太大負擔。如果你不把群眾當成個人搜尋引擎，回應品質會好許多。

不肯傾聽

集思廣益是對話而非獨白。**你要傾聽大家的回應，表達謝意，提後續問題，跟他們同樣投入**（或更加投入）。如果有誰提出精采的點子或答案，你該講出來，讓他們知道自己對你有多大幫助。智慧共享不是一方獨奏——而是一種人際關係（如果你不太懂，請重讀前一章探討數位關係的段落）。

提供選項

集思廣益不是意見調查，而是要激發群眾智慧。你該**提出開放式問題，沒有「是」或「否」的答案，也沒有二擇一的選項**。相信群眾的自行思考能力——這樣才能獲得群眾智慧。

試圖引導

別想引導回答方向。這比意見調查更隱晦，但半斤八兩。你不該試圖引導群眾提出特定答案。切記，你要盡量歡迎各種回答，才能得到最佳答案。

底下是同一個問題的兩種問法。第一個問法試圖引導回答方向，第二個問法試圖激發群眾智慧，兩種問法可能獲得相同答案，但只有第二種問法才是真正的集思廣益：

1. 我覺得換新手機的時候到了。身為忠實果粉，換 iPhone 大概比較好。大家有什麼建議嗎？
2. **我覺得換新手機的時候到了。我最重視的是速度要快，還有相機要好，大家有什麼建議嗎？**

行銷商品

別靠發問來行銷商品。許多品牌會向群眾問蠢問題，背後目的不是獲取群眾智慧，而是行銷商品，例如：奧利奧餅乾公司（Oreo）也許會問：「你喜歡怎麼吃奧利奧餅乾？」他們很可能不是想找出餅乾的創新吃法，而是意在行銷，想知道多少網友會回應。大家都看得出來提問是否真誠，知道你是真的想問或試圖行銷，因此你該誠心提問，才能得到誠心回應。

為什麼會有智慧共享？

大家為何願意幫忙集思廣益？

演化生物學指出，人腦生來尋求與他人連繫，這種社會連結對生存的重要程度不亞於食物與住處。馬修．李柏曼（Matthew Lieberman）是加州大學洛杉磯分校社會認知神經學實驗室負責人，著有《社交：大腦天生渴求與人來往》（*Social: Why Our Brains Are Wired to Connect*），他說：「正如網路上有臉書和推特等各具優點的社群網站，人腦也有社交網路，不同腦區同心協力以增進我們的社交活動。」腦中網路有助與人建立關係，解讀他人感受，在團體中跟大家和睦共處。大腦發展出這些能力來確保個體生存，李柏曼指出：「社交本能是我們成為萬物之靈的重要關鍵。」也許不用太久以後，研究人員能以功能性磁振造影儀器觀測受試者憑智慧共享集思廣益時的神經元活動，證明這是我們發揮最大能力的絕佳方式。

我想我們生來需要彼此，想與別人心意相通，想對別人提供價值，想有能力影響別人與世界，這不只是為了生存而已。我們最棒的天然資源就是彼此。無須天災考驗，我們原本就會結交朋友與組成團體，而如今能靠智慧共享與天生本能互相連繫，橫跨全球，不拘時間，擁抱前所未見的合作方式。

我們彼此深深相繫，智慧共享因而得以成立。我努力追夢，你也努力追夢；我尋覓摯愛，你也尋覓摯愛；我想存錢買車買房，你也想存錢買車買房；所有父母都希望孩子能有最好的人生。**當我們分享各自的掙扎難處，也就分享各自的解決之道；當我們對別人伸出援手，也就有別人對我們伸出援手**。智慧共享的驚人威力正是源自於此。我們生來渴求與人連結，攜手合作，共創更美好的世界。有了智慧共享，我們更能心手相連，幫助彼此活得美好精采。

第6章

如何靠集思廣益找靈感，發揮創意？

目前我們探討過如何靠社群人脈獲得群眾智慧——跟專家見解不分軒輊的群眾智慧。背後方法很簡單，那就是**找出群眾的共識：最多人建議的就是最佳答案。如果是數字問題（例如：猜測牛的體重），取平均數或中位數；如果是開放式問題（例如：該買哪輛車），選最多人支持的答案。**

維基百科正是仰賴共識的好例子。當編輯者們對某個條目意見不一，會設法尋求共識，再決定條目內容。這彰顯他們的群眾智慧，大家一起集思廣益。

當你不是想獲得群眾共識或最佳點子，而是想尋找創意點子，則有另一種策略。如果你跟群眾請教過後得到少少的幾個回答，你只要看過一遍並選出最佳答案即可，也就是選出讓你眼睛一亮且出色創新的答案（接下來你可以拿這答案，請群眾針對出色與創新程度提出看法，看是否達成共識）。然而如果你得到幾百個答案呢？甚至幾千個答案呢？你該怎麼大海撈針般地挑出最佳答案呢？

你要有辦法區分好與不好的答案，區分切題與不切題的答案。如果你的群眾夠好（下一章會談到好群眾也有荒腔走板的時候），他們會替特定點子按「讚」或「同意」（取決於是哪個平臺），替你篩選好點子。

我在臉書替TED演講徵詢創意點子時得到高達幾百個建議，但我立刻過濾掉沒人喜歡的點子，即沒人按讚的點子。群眾多半會忽視無關或糟糕的點子。在臉書無法按「不讚」，所以我們只能假設沒人按讚代表沒人感興趣。

接下來我把最好的兩個點子再度徵詢意見，看大家偏好哪一個。

開放式創新幫企業徵集靈感

不只個人能靠這招找出創新點子，許多企業也靠這招（通常稱為「開放式創新」）開發產品或解決問題。寶僑公司長年擅於激發開放式創新，在商界首屈一指。二〇〇一年，寶僑公司成立「聯發平臺」（Connect + Develop，這是脫胎自「研發」〔Research & Develop〕的新做法），以群眾外包促進創意與創新，接連開發出數千種新產品。寶僑公司表示聯發平臺形同「對世界敞開的大門」，他們列出對新產品、新製程或新包裝的需求，善用這種嶄新的智慧共享形式，每年收到超過四千個創新點子。

寶僑這類大型企業通常不是請群眾衡量各個點子，而是請一組專家代勞。此外，他們並未把各個點子對外公開，藉此確保自己能運用合適點子，購買並擁有智慧財產權，順利應用於市場上。群眾自然會擔心大企業私下「偷走」點子，大企業也擔心有人先申請好智慧財產權才交出點子，因此寶僑公司只接受已獲智財權保護的點子，也許連同商標或專利一併買下。

點子獎金網站 Idea Bounty（www.ideabounty.com）是另一個向群眾尋求創意的平臺。在新聞工作者郝傑夫替《連線雜誌》（*Wired*）撰文探討群眾外包之後，兩位行銷經理人共同創辦這個平臺。他們原先為了替客戶想出創意點子大傷腦筋，決定靠群眾集思廣益，這個平臺不只供他們滿足自己的需求，也開放給其他企業運用。創意對企業營收大有影響，通常獲得嚴密保護，如今各企業則一次跟數千名「創意人」聯手合作，首先提出自身需求，再來開始收到網友的點子，只要你的點子獲得採用，你會收到預先訂好的「獎金」或別種獎勵。

Idea Bounty 自稱為徵集靈感的社群智庫，擁有許多大名鼎鼎的客戶，例如：汎德汽車（BMW）、雪佛龍公司與紅牛飲料公司。**目前這種集思廣益方式仍未顯露任何缺點，既供群眾自行選擇有興趣的主題，也幫企業獲得更多創意**。如同我們先前提到差事外包網站 Fiverr 時所言，需要創意的案子原本把持在廣告或行銷公司手中，大眾不得其門而入，如今則開放出來，即使是正職工作無關創意的朝九晚五上班族也能抽空大展身手。跟 Idea Bounty 類似的網站不少，例如：GeniusRocket、Victors & Spoils、crowdSPRING 與 DesignCrowd 等，這些網站揭開嶄新紀元，讓創意變得透明公開、較易取得，而且價格可親。

其他網站則讓群眾比較各自的創意，從中選出最佳點子。Amazon Studios 網站（studios.amazon.com，由亞馬遜公司設立）供編劇貼出劇本，網友再決定哪些劇本該拍成電影，甚至幫忙出主意。這個網站希望藉此激發更富意涵的故事，拍出更好的電影。

時間會證明此法是否管用。

99designs 網站（www.99designs.com）也值得一提。這是一個徵求創新設計的群眾外包平臺，許多業餘愛好者與專業設計師針對商標、名片或書籍封面等需求，提出各自的設計點子。在撰寫本章之際，我決定做個實驗，上這個網站替本書徵求封面設計。站方訂出的設計獎金是二百九十九美元。

我收到幾十個不同設計。接下來站方請我針對每個設計提出意見，而這是徵集程序的一大重點。當你想靠智慧共享徵集創意，過程中的意見交流非常重要。

我把各個封面貼給我的群眾看，大家最喜歡的封面出自一位名叫蘭斯・狄肯（Lance Deacon）的設計師。他是把協助我寫出本書的人的名字拼成一顆大腦。

> 好點子。
>
> 有創意。
>
> 我自己永遠也想不到。

這個封面請見下一頁。

我把這個封面跟出版社提出的封面貼上臉書，請大家提供意見，結果收到超過五百則回應，是我撰寫本書期間獲得最熱烈迴響的一次。

這個封面很棒，但出版社提出的封面也很讚。我在靠外包網站獲得這個封面以後，回過頭請臉友決定這兩個封面何者勝出，結果五二%的臉友支持出版社版封

▲作者靠智慧共享徵集本書的封面設計，上圖是最受到喜歡的封面，由蘭斯．狄肯所設計。

面，四三%的臉友偏好群眾外包版封面，競爭相當激烈，兩個封面各有死忠擁護者。在我向臉友徵詢意見的幾個小時過後，我收到一則私人訊息：

「哈囉，李爾，我是蘭斯．狄肯，就是我設計出你喜歡的那個封面，但其實我的真名不是蘭斯．狄肯，而且我是你的其中一位臉友。」

這非常出人意料。我跟「蘭斯」聊了很久，他解釋說他原本熱愛設計，後來放棄這條路，改為追尋創業夢，但依然放不下對設計的熱愛，只要有點時間就上99designs網站重拾設計師身分。這是他的興趣。他跟我分享說，他很希望以後設計人員不必有昂貴工作室與顯赫名聲，單靠設計本身就能勝出。他說：「好設計始於好點子，好點子則能出自任何人之手。我很喜歡99designs網站讓任何人能針對案子公平競爭，諸如名號、名氣或所屬工作室等額外因素都不影響客戶的最終選擇，作品好壞才是唯一的選擇依據，你務必讓作品本身自己說話。這做法很新，但我相信愈來愈多專業領域都會如法炮製。」

靠智慧共享尋求創意的方法仍在演進，而且正面臨質疑。99designs等網站遭批評為讓設計者無償工作（除非作品雀屏中選），讓高價設計師面臨低價競爭。不過話說回來，這類網站無疑讓設計者有機會替履歷增色，贏得原本也許根本接不到的案子。

這類網站也讓企業得到許多創意人才，遠超過原本能花錢聘請的內部設計人員數目，設計花費還往往大幅降低。有些設計者渴求案子，有些企業渴求更多創意，對雙方而言，這類網站堪稱兩全其美的管道。

只要善加共享智慧，你可以輕易找到別出心裁的創新點子、前所未見的解決方案，還有看待老問題的全新角度。創意不只關乎原創性，還關乎可行性，我們找的是實際可行的新點子、確實有效的新靈感，還有讓生活更便利有趣的新做法。一般認為創意人才都是滿腦子獨特想法與原創思維，創意這回事向來神祕莫測：有些人就是有創意，有些人就是沒創意。然而這已成歷史。

如今智慧共享讓我們都能更有創意，在職業領域與日常生活皆然。

第7章

群眾何時會失靈？為什麼？怎麼辦？

尤希·法迪（Yossi Vardi）是以色列知名創業家與投資人，個性非常好。二〇一二年，法迪擔任頂尖科學家研發年會的閉幕會議主持人，主辦單位對閉幕會議的說法是：「站在科研最前線的各講者可以依最新趨勢提出簡明扼要的見解。」法迪邀我上臺發表，至於我的頭銜會是「群眾智慧提倡家」。

我想說很容易嘛。

我想當場讓觀眾體驗群眾智慧。找牛上臺不可行，因此我決定讓觀眾一起猜測某個人的體重。

法迪自願當那個人。

我有沒有提過法迪有點胖？

而且他是個搞笑咖。

他站在講臺的中央，緩緩轉圈，讓觀眾好好看清楚他的身形。每個人都提出估計，主辦單位迅速計算平均值。

接下來，我把計算結果拿在手中，以誇張動作轉身，請法迪揭曉答案，問他說觀眾是否準確猜對體重？

拜託要猜對呀。

結果法迪緩緩搖頭。錯了，觀眾猜錯他的體重了，而且差距頗大。這是群眾智慧第一次讓我栽跟頭。法迪很開心，因為觀眾猜的體重比實際來得輕。全場哄堂大笑，我卻滿腹疑問。

我一點也不開心。

下臺以後，我急得想弄懂失敗的原因，請幾位觀眾說出他們估計的數字，沒想到他們立刻道歉說：「對不起，我們不想害他在臺上尷尬，所以不是輸入真正認為的數字。」

群眾很少擔心會尷尬，這次錯誤完全是我咎由自取。他們猜錯法迪的體重，但其實有展現出智慧。

那就是別為了實驗害別人當眾尷尬，即使他樂於自願也一樣。

法迪跟我原先認為整個實驗會很有趣，觀眾卻證明不是這麼一回事。他們拒絕配合，原因是我讓他們感到尷尬。

有時群眾智慧會失靈，本章旨在探討箇中緣由。

一號教訓：別請人上臺供觀眾猜測體重。

群眾失敗得到的不是智慧，而是愚昧

我小時候喜歡看童話故事，尤其喜歡丹麥童話大師安徒生（Hans Christian Anderson）的《國王的新衣》（*The Emperor's New Clothes*），第一次讀這個故事時，發現竟然有衣服是聰明人才看得見，實在有意思，後來繼續讀到小男孩從人群裡大喊：「但國王根本什麼也沒穿嘛！」這個段落使我又驚訝又困惑。怎麼會一大群人都看不出來國王渾身赤裸？這問題縈繞心頭多年。即使年紀很小，還是覺得一大群人都這麼愚蠢實在不可思議。

後來我逐漸長大，明白群眾其實可以愚蠢、不理性，甚至很危險。

我十幾歲時讀名作家威廉．高汀（William Golding）的經典小說《蒼蠅王》（*Lord of the Flies*），書中描述一群英國男孩困在無人島上，原本想互助合作，後來卻變得野蠻殘暴。另外，我也得知納粹德國元首希特勒（Hitler）是在民主選舉由人民投票選出。

成年以後，我好奇為什麼當初沒人預見網路泡沫化，為什麼許多人明知抽菸傷身但依然愛抽？從小到大，我接連目睹一大群人變得恐怖、糟糕，根本錯得離譜。

假裝國王有穿衣服不是群眾智慧。

陷入暴民心理不是群眾智慧。

宣稱「重視成長超過獲利」屬於合適商業模式不是群眾智慧。

納粹德國不是群眾智慧。

有時群眾會失敗，得到的就不是群眾智慧，而是相反結果：群眾愚昧。

背後操弄，智慧共享就不可靠

群眾會失敗的一大常見原因是內部出現操弄。只要有人意圖影響或引導群眾行為，操弄就會出現。廣告有此現象，品牌試圖操弄消費者；金融市場有此現象，對某支股票有興趣的人設法操弄股價；獨裁政權有此現象，言論自由與獨立思考遭受禁止。只要涉及操弄，運用智慧共享集思廣益後的結果不見得可靠。群眾必須由獨立個體組成，具備多元意見，每位個體貢獻一己之智，才能合力催生群眾智慧，提出優秀決策、創新點子與專家級見解。你不會希望群眾裡有誰受他人影響左右。集思廣益要成功，取決於大家一起主動思考，而不是被動提出類似思維。

留意群眾遭假身分操弄

某天下午我接到一通神祕電話。對方是個女的，聲音低沉，如一戰期間知名間諜瑪塔·哈里（Mata Hari），至少我是這麼想像。她邀請我去替一個團體演講，我問她是什麼團體，她回答說是「政府高層組成的團體」。

我向她致謝，請她再以電子郵件說明詳情——這是我碰到口頭邀約的通常做法。然而這不是她們那個團體的通常做法。

「我們沒有電子信箱，可以用傳真的嗎？」

傳真？沒有電子信箱？我是不是睡了一覺並重返一九八五年？誰會沒有電子信箱？我立刻申請免費的線上傳真帳號，等候她的回音（諷刺的是，她的回音會以電子郵件形式寄給我）。

我收到傳真，內容詳情實在不得隨意公開（我告訴你以後就得殺你滅口之類的），只能說邀請我的顯然是情治單位。我不行指名道姓，但可以說以色列這邊有個單位的訓言是：「沒有顧問，全軍覆滅；眾多顧問，安全無慮。」眾多顧問？聽起來是運用群眾智慧的絕佳地方。

我要當龐德（James Bond）一天。演講當天，我在路上有些焦慮。他們想知道什麼？他們會叫我做什麼？我想像他們交給我一個裝滿尖端科技器具的箱子、一輛設備精良的間諜專用跑車，或者一個祕密公事包，裡面裝滿只讓智慧共享大師過目的機密文件。我們全家必須另覓居住地點嗎？我們會受政府保護嗎？萬一美若蛇蠍的敵國女間諜找我套情報，我該如何全身而退呢？

我有沒有說過有時我實在很會胡思亂想？

演講本身跟各種胡亂想像差了十萬八千里，我只是說明智慧共享與社群人脈而已。不過觀眾提出一個其他場合不曾出現的問題：有可能操弄群眾智慧嗎？那場演講過後的幾個月，我跟其他情治人員有過幾次精采討論，他們統統提出這個問題。

為了獲得情報，情治單位以前會派間諜。間諜靠假名與假身分掩飾，還得編出一套詳盡的過往經歷，這很耗心力，但諜報活動向來如此，現在也不例外。

他們現在關注的是能不能找假身分的個人，藉由社群網站與數位平臺滲入真實社會，暗地操弄群眾智慧？

我認為不容易，但想像得到其他國家與情治單位正在嘗試。談到諜對諜，始終有人想利用傳媒的力量，任何新科技與有力群眾必然面臨操弄的風險。我們需要當心，留意自己的群眾與匿名群眾是否遭操弄。

如果有問題，請寄電子郵件給我。

或者如果你隸屬政府單位，請傳真讓我知道。

我的帳號名稱是羅瑞夫，李爾．羅瑞夫。

你的群眾智慧符合標準嗎？

現在把國際角力與國家機密擺在一邊，來仔細研究群眾智慧如何在我們切身之處出現失敗。首先，我們要確認自己的智慧共享是否符合群眾智慧的標準：夠不夠多元，是否免於操弄風險，是否有讓好點子出頭的機制？

維基百科就有一套妥善機制，編輯者能互相對話，追蹤條目修改狀況，集體做出決定。社群人脈用的機制簡單許多——靠留言回覆。臉書的動態更新底下會收到回應，推特的推文會得到回覆，部落格或問答平臺的貼文會獲得留言。

這種機制的優點是簡單明瞭，容易跟群眾互動，缺點則如同先前所言，如果你收到一大堆回覆，得花一番時間精力才能發掘好點子。

為求群眾背景多元，我們必須讓人數夠多。如果你是跟五位大學好友徵集意見，他們的背景不夠多元，見解會不夠全面。如果你的臉友夠多，則成員組成通常夠多元，包括大學朋友、公司同事、高中朋友、遠房親戚，甚至朋友的朋友的朋友。先前我會說你至少要有約二百五十個朋友也是這個原因。如果達到這個最低人數，背景會夠多元，大家的經驗、年紀、居住地點與知識領域不盡相同，這是避免群眾智慧失靈的第一步。

下一個條件是獨立思考。當我在臉書上發問，通常只有我自己會讀完所有回應，別人也許會讀其中幾個回應再提出個人意見，但多數人是獨立回答。可以說，他們的答案並未受他人左右，算是個人獨立思考，不易受到操弄（除非問題本身有在引導回答方向）。

臉書這類社群網站較少出現操弄的另一個原因是實名制。通常唯有你接受的對象才能回應，因此多數回應伴隨名字與頭像，具備一定的公開透明程度。匿名易生操弄，原因是大家不必為言論負責，許多公共事務或產品推銷的匿名回應都展現這個弊病。你有多少次瀏覽一則則回應，赫然看到某人貼了產品推銷的網址？或是背後企圖昭然若揭的奇怪東西？這類回應一開始顯得真誠，後來話鋒一轉，變成「我待在家裡就賺到一大堆錢」或推薦某種「高深智慧」。

但即使實名仍可能出現操弄。

畢竟希特勒壓根沒有匿名。我們要的不是團體迷思、群眾瘋狂或獨裁政權的宣傳煽動，智慧共享是民主制度，允許言論自由，只是如果有人伸出魔掌，想把群眾智慧變成個人的操弄舞臺，大家往往會開始自我審查或自我糾正。在大多數情況下，實名制社群網站滿足群眾智慧所需的條件，得出的結果屬於群眾智慧，不是團體迷思或群眾愚昧，但如果你用錯問法、群眾人數過少或有人試圖操弄，《蒼蠅王》的劇情會上演——大家爭權奪利。如果群眾變得野蠻，你只好升火求援，抱頭蹲低，祈禱英軍快來救你。

或者你可以簡單的刪除動態，思考是哪個環節有問題，然後再次嘗試。無論你是替自己或公司尋求智慧共享，一旦情況不妙，你都能及時懸崖勒馬，選擇重新來過。

Part 3

無所不在的化身，
讓生活變更好

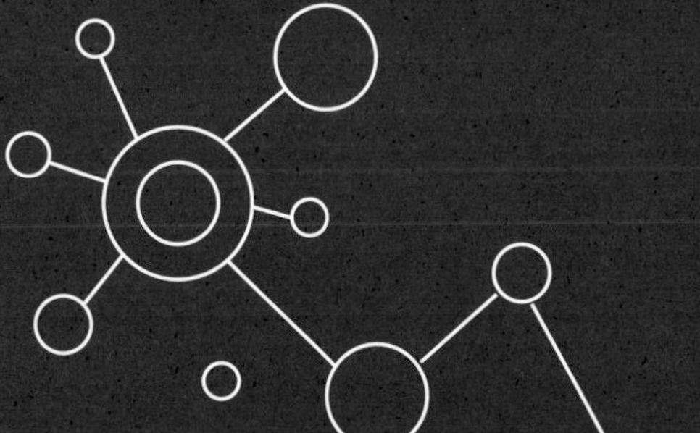

第8章

理財專員——教你聰明花錢、投資

規則一：永遠別虧錢。
規則二：勿忘規則一。

——股神華倫．巴菲特（Warren Buffett）

沒人想虧錢。巴菲特的建議很好，但規則一該如何遵守？我們該如何面對廣告行銷、搜尋引擎與商品宣傳的誘惑？網路讓我們幾乎能研究任何有意購買的商品，但搜尋到的資訊往往歪曲虛假，由我們想研究的那家公司所贊助。即使只是用Google搜尋旅館，搜到的大多是廣告。更詭異的是，你跟我就算在同一個搜尋引擎輸入相同問題，搜尋結果不會相同。

這讓人不太舒服。

難怪愈來愈多消費者尋求其他消費者口耳相傳的資訊，認為這樣（大概）比較可靠。在數位時代裡，我們不再信任多數品牌與廣告，但**智慧共享是一項可靠工具，有助在購買服務或商品之前盡量做出最佳決定**，盡量符合巴菲特的規則一。

讓你把錢花得更聰明

那時我十四歲，需要買新鞋。別誤會，我當然有鞋子，只是沒有正確種類的鞋子，沒有「酷炫」的鞋子。我需要一雙魔法鞋，讓我脫胎換骨，變成自信滿滿的潮男，不再是害羞阿宅，整天躲在家裡面對蘋果二號電腦，不太敢面對真人（準確來說，是不太敢面對十四歲女生等）。父母很擔心我，認為我該更懂得「交際」，多認識些朋友，但我不知道該怎麼與人交際跟認識朋友，這整個概念，讓我尷尬不自在。

我最喜歡的還是面對電腦。

然而我父母很堅持，我只好在附近的購物中心打工，準備賺錢買鞋，好讓我揮別宅樣並更會交際。誠如先前所言，那是一間電腦賣場，我還是能整天面對電腦。

我努力工作，努力存錢，然後拿所有積蓄（一百美元）買下一雙校園男神會穿的鞋子。當然，我沒有像灰姑娘那樣的神奇轉變，而且老實說，等我存夠錢買下那雙鞋，所有校園男神都改穿別種風格的鞋子了。

我沒交到新朋友，也沒學到怎麼跟人交際，就這麼重回蘋果二號電腦的懷抱，很後悔自己竟然花費所有積蓄買了一雙落伍的鞋子。現在我要是想知道該怎麼花錢，有一大群朋友（人數遠超過我十四歲的想像）能幫忙下決定，如果我以為某樣產品能一勞永逸的解決現有問題，他們會把我拉回現實。我依然鎮日面對電腦螢幕，但比以前懂得交際，與他人更緊密。

我父母不再憂心忡忡。

一旦你建立自己的群眾，或者懂得善用網路平臺（本書第一部探討過方法），你能把錢花得更聰明。線上問答平臺 Quora 上有個十四歲男生（在「股市」主題底下）發文徵詢意見：

十四歲的我該怎麼拿共計八百美元的所有積蓄來投資呢？

我就直說了——我十四歲。我有一整個人生，這是我跟其他投資者的不同點——我有時間，一大堆時間。三十年、五十年。欸！反正人類壽命愈來愈長了嘛，乾脆當作我有八十年來錢滾錢，一直滾滾滾。既然我時間那麼多，這八百美元的所有積蓄該怎麼投資，最能隨著時間愈滾愈多呢？

接下來他列出許多支股票，請大家給他幫助與靈感。他收到最多的答案是什麼？背景多元的網友（並非全是財經專才）紛紛提出答案，最多人建議他根本不要投資，而是拿這筆錢小小創個業，還有「學習如何與人建立關係」。也有人建議他繼續存錢，等十六歲時再買輛車，大家接續這個話題繼續建議，「有車是找得到工作的最大指標」，而且車子能讓他「更有辦法結交朋友與擴展人脈」，甚至在創業後能當成資產。藉由善加共享智慧，他不僅更能妥善運用積蓄，還獲得往後人生的寶貴建議。談到金錢，智慧共享能提供公正而寶貴的群眾智慧。

不懂車，問群眾就對了

我離開微軟（並交出公司配車）以後，碰上一件很頭痛的事情：買新車。我對車一無所知，只當作是讓我從地點A移動到地點B的交通工具。

買車是一項重要（且花錢）的決定，我始終猶豫不決，各種選擇與預算問題壓得喘不過氣，甚至想避開汽車銷售員。我有個朋友很懂車，我向他請教，結果他的回答超級複雜，充斥我不知道（甚至不想知道）的術語。

我決定拋開廣告跟這位專家朋友的意見，轉為向群眾徵詢意見，在臉書發文說：「我要替自己跟家人買車，不在意品牌，只希望它能安全、經濟與容易保養。大家有什麼建議嗎？」

大概一小時過後，我收到超過一百則回應。我瀏覽一個個建議，發覺很多臉友要不相當懂車，要不也有相同的選車標準。當你向一大群人發問，選擇回答的人往往自認夠懂或有經驗，能提供不錯的答案。我不懂車，但許多臉友顯然很懂。

我替各個回答分門別類。某人叫我買賽格威電動代步車（Segway），但我想從所有臉友身上獲得群眾智慧，不是只看一個瘋狂點子。

最多人建議我買現代汽車（Hyundai）的 i30cw 轎休旅車款。這是最多人的推薦，因此大概是這次集思廣益的最佳答案。大家說這款車很適合全家人，有品質保證，比更知名品牌的有些車子便宜，最為物超所值。二十四小時以內，我買下這款車。

幾週後，我遇到一位很懂車的專家，他在特拉維夫規模數一數二的大報社擔任汽車版編輯。我說出個人需求，問他有何推薦，結果他的建議是：現代汽車的 i30cw 車款。

群眾智慧成功得分。

最終來看，我不必研究一大堆購車網站，不必相信油嘴滑舌的汽車銷售員，也不必研究一大堆汽車術語，唯一需要的是徵詢社群人脈，既省時又省錢，不到兩個小時就做出絕佳決定。更重要的是，隔天我就在開那輛紅色新車。有些人花數日、數週，甚至數月研究與試駕，他們絕對能明白我靠徵詢社群人脈省下多少工夫。

輕鬆面對財務抉擇

智慧共享的妙用不僅限於買車，還適用於任何大大小小的財務決定。我的好友法迪幾年前結婚。在以色列，大家認為婚後該立刻買房生子——立刻就要。法迪於是找銀行辦房貸，這感覺有點像結婚，只是更花錢。

房貸專員告訴他：「我有一個超划算的方案，但今天就是最後一天！」法迪聽她說明，拿出手機，把方案內容詳細打上臉書，最後問說：「這方案划算嗎？」

那位房貸專員不知道法迪在用手機幹嘛，笑著介紹行裡剛添購的咖啡機，還泡一杯新鮮咖啡給他。法迪以客氣微笑回應，但更想知道大家對這個「划算方法」有何看法。

幾分鐘過去，他喝著美味咖啡，眼看大家一個個回應說：「才怪！」大家還跟他分享自己的房貸方案。他把大家的回應拿給她看，她氣得瞪著他說：「我不知道他們是誰，不知道他們貸款時的經濟狀況，除非你有他們貸款時拿到的正式資料，我才有辦法回答。」

法迪在臉書塗鴉牆發出下一則動態：「銀行這邊說要看正式資料，大家能傳到銀行的這個傳真號碼嗎？」他留下傳真號碼，她在十分鐘內收到一堆房貸資料。法迪靠社群人脈集思廣益，明白這間銀行的咖啡遠勝房貸條件。

舉凡設定退休計畫與房屋貸款等財務決定都很複雜難懂，許多專家樂意「協助」，但他們往往不是替你著想，而是替他們自己的主管或公司著想。相較之下，藉由智慧共享的幫忙，你能獲得公正專業的建議，妥善面對人生中的各個重大財務決定。

法迪既開心結婚，也開心貸款，我很替他高興。

防止信用卡被盜刷

為求妥善遵守規則一，我們不僅要留意該怎麼花錢才划算，還要避免像全美國每年約一千五百萬個受害者那樣信用卡遭盜刷。現在我們來看智慧共享如何在此派上用場。

蘇珊娜・布倫納（Suzanne Brenner）正準備從紐約前往聖路易，卻赫然發現一件糟糕的事情——她的現金卡疑似遭到盜刷。三筆各二十九・九九美元的不明刷卡紀錄，金額不算很大，她努力回想自己是否有刷卡，但毫無印象，連忙打給銀行詢問刷卡內容。銀行無法回答，最後把她轉到防詐騙部門，但那邊依然說不出來這三筆消費為何會核准，也不知道交易內容，只能立刻替她把現金卡停掉。她連忙找另一張卡來應付這趟遠行。

這不是布倫納第一次遭遇盜刷。前一年，她的現金卡幾乎前前後後被盜刷將近三十五次，由於每次才九・九九美元以下，金額不大，她也就不放在心上，以為只是自己隨手刷卡卻忘記而已，例如：在哪裡順手買了貝果或咖啡，還是訂閱了哪個網站，結果她任由現金卡遭盜刷將近八個月，才終於察覺有異並停掉卡片。

從聖路易回來以後，她跟一位以前的同事聊起，還抱怨一路上沒現金卡有多麻煩，他聽完後建議她用 BillGuard（www.billguard.com）這個創新外包服務。這個服務會自動偵測盜刷跡象並加以提醒（例如：免費試用變成付費訂閱，或者某家線上公司「意外」對同一筆交易重複扣款）。這些統稱為「灰色扣款」（gray charge），在美國每年金額幾乎高達一百四十億美元。

如今大家逐漸能靠智慧共享互助合作。BillGuard 公司蒐集大量盜刷受害者的資料，藉此立刻提醒其他可能的受害者。這類資料就在那裡，每天都有成千上萬個受害民眾把盜刷問題回報給銀行或信用卡公司，隔天又有成千上萬個民眾可能遭盜刷相同款項，如果沒有智慧共享的協助，他們也許在一個月或更久以後才發覺被盜刷，但有了智慧共享的協助，大家能立刻共享群眾智慧，省下時間與金錢，少傷許多腦筋。

智慧共享能讓信用卡盜刷事件絕跡嗎？沒辦法，但仍頗有幫助。太常出現盜刷的公司將無法再做生意，執法單位能靠群眾的大數據逮捕不良分子或遏止未來犯罪。智慧共享讓數百萬名盜刷受害者站在一起，共享群眾智慧，團結一致，互助合作。

布倫納加入 BillGuard 之後，立刻收到新卡疑遭盜刷的警告郵件。她不必再花好幾個月才搞懂狀況，不必花一大堆精力打電話跟銀行或信用卡公司囉嗦半天，而是能立刻採取行動。這就是絕佳的智慧共享：集結群眾智慧與經驗，幫你保護好荷包。

巴菲特會很滿意。

群眾心理預測股市走勢

現在我們談過如何靠智慧共享避免在高額消費時花冤枉錢，還有如何靠智慧共享防止信用卡遭盜刷——但你能靠智慧共享避免在股市虧錢嗎？智慧共享真能預測股市嗎？

預測股市，大概等同預測錢幣會擲出正面或反面。研究證實，小孩與猴子的預測準確度跟專家一樣，甚至勝過專家。一九七三年，普林斯頓大學教授伯頓・墨基爾（Burton Malkiel）表示：「找一隻蒙住眼睛的猴子朝報紙財經版射飛鏢來決定要買哪些股票，一點也不輸專家精挑細選的結果。」他講得沒錯。蒙眼的猴子有時甚至比專家更勝一籌。

我對股市不熟，但知道股市基本上反映所有投資人與大眾的預期心理。在理想的世界（也就是沒有操弄的世界），股市該跟群體心理一致。群體心理是指兩個以上互不認識的獨立個體同時抱持相同想法，就股市而言，也就是指我們對股市表現的群體預期。

二〇〇八年，印第安納大學提出一個理論，那就是股市漲跌反映大眾心理，或曰群體心理（hive mind）。他們靠推特測試這個理論，以「Google心情檔案演算法」（GPOMS）分析將近三百萬名推特用戶的約一千萬則推文，藉此了解群體心理，結果發現這個演算法底下的「冷靜度」心情數值跟股市有直接關係，足以預測股市漲跌。**群體心理冷靜，股市會在約六天後上漲；群體心理不冷靜，股市會下跌**。他們的分析對道瓊工業指數的預測準確度高達八七．六％。

蒙眼的猴子亂擲飛鏢，比不上群體心理的預測成果。

做出更聰明的投資決定

巴菲特絕對是世上最成功的投資家。他的波克夏・海瑟威公司（Berkshire Hathaway）錢多到不知該怎麼用，股價在紐約證交所居冠，在二〇一四年十一月，公司的一張股票為二十萬六千三百九十三美元，一張就值這麼多。這價格對我太貴，對多數人想必也是。

我剛才說過我對股市不熟，而且老實說，股市令我害怕，像是錯綜複雜的機器，由頂尖分析師與投資經紀人操控，他們似乎具備特殊技巧跟知識，形同一個神祕莫測的菁英團體，多數投資人甚至壓根不曉得自己的錢正如何投資，主管機關則時時留意股票操弄與內線交易。股市確實會受操弄，所以美國設有證券交易委員會，但當涉及金額很大，難免有人耍手段，網路與媒體可能把企業與股價捧得半天高或貶得一文不值，以求影響股價。由於集思廣益的一大條件是大家須獨立思考，不受操弄左右（操弄是群眾智慧的頭號死敵），靠智慧共享投資股市十分困難。然而困難歸困難，並非不可能。

如果我們只投資巴菲特跟他的公司，大概能成功賺錢，但誰有巴菲特那樣的財務資源啊？不過只要有智慧共享，我們就不再需要巴菲特。

我們有費南德茲（Fernandez）。

我們有 eToro 網站。

eToro.com（美國還不能用）是全球最大的交易暨投資社群平臺，符合智慧共享的其中幾個條件，「助大家一同在金融市場進行投資，分享理財策略，善用群眾智慧來做出更聰明的投資決定。」

胡里歐・費南德茲（Julio Rus Fernandez）是西班牙的一個消防員，現在二十八歲，四年前開始試著投資，旋即發現自己不只擅長救火，還擅長投資。不過你也不必把他的這個說法照單全收。eToro 網站跟其他交易平臺不同，大家都能看到你的投資組合，知道你是賺是賠，堪稱徹底公開透明，所有交易資訊（實際金額除外）供大眾檢視。只要任何人在 eToro 網站買賣股票，每個人能得到這個資訊並加以分析。

費南德茲展現出色投資成果以後，大家開始追蹤他，開始「複製」他的投資。

在 eToro 網站，你可以根據其他投資者的表現決定是否加以複製投資，一旦選擇複製，對方怎麼買賣股票，你怎麼自動跟進。

如今費南德茲很紅。在我寫這本書之際，他有超過十四萬個追蹤者，還有四千五百人選擇複製他的投資。eToro 網站並非完全發揮智慧共享的潛能，畢竟大家還是自行做出投資決定，但由於許多人選擇複製別人的投資，所以也算是有智慧共享的影子，不僅減少股市投資的各種猜測、暗盤與操弄，還堪稱促進一個新時代。當智慧共享遇上股市，新一代投資者於焉誕生。

不過我要在此提醒：「群眾智慧」這個名詞不代表群眾永遠正確，只代表群眾可以跟專家不相上下。綜觀金融市場，許多專家都敗得灰頭土臉，群眾自然也可能一敗塗地。多數專家在過去並未預測到市場崩盤（泡沫化），如果你複製其他投資者，他賺你也賺，但他虧你也跟著虧。我並未建議大家投資股市（我自己就沒有），但如果你投入了股市，不妨考慮跟非傳統專家與群眾取經。

（如果你想知道有哪些新增的投資理財相關智慧共享資源，請上：mindsharing.info/finance。）

沒錢拍電影、寫小說、治病……?向群眾募資吧！

先前說過，推銷行為是趕跑社群人脈的最快方法。別這麼做，別把你的社群人脈當成提款機。

然而有一群人不僅願意協助你做出更佳財務決定，也願意協助你招募資金。談到社群人脈，目前最令人興奮的其中一項發展就是群眾募資。Kickstarter（www.kickstarter.com）與Indiegogo（www.indiegogo.com）是兩個主要的群眾募資平臺，跟許多其他平臺都促成嶄新的募資方式，任何人能提出宣傳自己夢想的案子，向一大群人募款。你夢想拍電影或寫小說嗎？那就把夢想呈現給群眾，看是否有誰願意資助。甚至還能替寶寶做群眾募資——有些父母籌錢治療不孕症或支付領養花費。建立家庭是許多人的夢想，群眾募資幫忙實現這個夢想，也幫忙實現許許多多的其他夢想。

智慧共享能幫你把錢花用得更聰明，保護得更嚴密，投資得更成功，要募款也更方便。金錢並非萬能，但能靠智慧共享得到些小幫助還是不賴。

第9章

愛情顧問——幫你找對象，解決感情難題

我們剛探討完智慧共享如何幫我們打點財務，但如果談到愛情呢？智慧共享也能幫我們投資愛情嗎？我們都想愛人與被愛，而且我敢說世上最讓我們目眩神馳、神魂顛倒、手足無措的就是愛情。我們該怎麼找對象約會？我們約會時該怎麼做？我們該如何讓感情密切？我們該怎麼知道某個特別對象是「真命天子」？智慧共享可不可能有助我們找到愛情並妥善經營？

找到對象，改變約會模式

那時是一九九七年，我母親簡直要抓狂了。我沒有小孩，沒有結婚，看起來根本毫無希望，女生看到我都嚇得半死，我的感情生活簡直失敗透頂。

我在微軟行銷部門的工作剛起步，多數時間投入工作，日夜奮戰，自認非常成功。我對行銷得心應手，對女人一竅不通，內心深處孤單寂寞，卻從不願跟家人朋友坦承，暗自缺乏自信，靠埋首工作加以掩飾，反過來怪工作害我感情生活一片空白。

我知道此生摯愛正在世上某處，卻不知道怎麼找到她。

某天，主管請我出席一場微軟的大型產品發表會，上臺展現我熱愛的一款產品，這是科技宅美夢成真的一刻。以色列知名電視與廣播主持人阿法里・吉列得（Avri Gilad）負責主持發表會，他跟我在排演期間結為朋友。某天，他問我一個私人問題：「李爾啊，你有女朋友嗎？」

我驚訝的看著他。難道我母親私下打電話給他？難道正如同我時常懷疑的那樣，她暗自跟所有以色列人串通好了，一心想抱孫子？

「沒有。」我回答。

我沒有告訴他說，我不僅沒有女朋友，甚至不記得上次約會是什麼時候。

除非你把每天早上賣我咖啡的那女人算成約會對象。

我有提過當時我已經二十七歲了嗎？

吉列得聽完我的回答，邀我參加他廣受歡迎的廣播節目——一個配對節目。然而我絕對不可能參加這個節目，當場承認我想約會，對一大群聽眾展現我在戀愛方面的淒慘失敗，這實在太丟臉了。

吉列得向我保證說，到時候想跟我約會的人數會多到讓我不知如何是好，而且我可以用化名。他再三保證：「沒人會知道那是你。」

最後我點頭同意。節目當天，我緊張得半死，但我對談戀愛實在形同絕望，也很好奇參加完節目後能不能有一、兩個約會對象。

吉列得請我跟聽眾分享一點自己的事情，我提到我愛下廚，尤其喜歡千層麵。誰知道這個小分享讓約會對象簡直如洪水般湧現，數百個女性想跟我碰面約會。煮千層麵顯然讓我顯得「可愛」。早知如此，我這輩子每天都煮千層麵。

接下來幾週，我的約會次數超乎想像——有時甚至光一個晚上就有三場約會。身為工程師，我知道用 Excel 試算表軟體的表格能解決絕大多數問題，一位朋友和我著手把數百個約會對象建為表格，分門別類，加以評分，記錄約會地點、談話內容、時間長度，還有再次約會的可能性。這表格很白痴，但讓我不致遭約會洪潮吞沒滅頂。

在一九九七年那場廣播節目上，我如同在善用社群人脈，儘管自己並不知道。

我學到把消息發布給廣大群眾有助提高求得愛情的機會。如今超過三分之一的婚姻源自網戀，許多約會網站供大家求得愛情。不過你也不見得要上約會網站，或者用化名上廣播節目，而是跟自己的社群人脈求援。有了社群人脈，你能找到約會對象，徵詢約會建議，讓戀愛或婚姻關係更密切美好。

如果你想靠社群人脈尋求愛情，首先要捫心自問：你願意跟朋友、同事與親人承認自己的狀況嗎？社群人脈能讓你省下許多追尋愛情的時間，前提是要有勇氣公然承認。我們自己的社交網路如同當年我上的配對廣播節目，如果你願意不計一切追尋愛情，建議如下：

清楚寫下徵伴條件

首先，打開一個空白的 Word 檔案，寫下徵伴需求。別在你的社群網站上打草稿，別基於一時衝動（就像朋友會勸你別在喝醉時衝動發文）。你該誠實**說明想找對象的原因**、**過去面臨的失敗**，**還有愛情對你的意義**，**最好分享一點個人往事**，讓弱連結對象更了解你。如果有特定條件，例如：**年齡**、**宗教信仰**、**所在地點或要不**

要小孩等，直接列出來。務必讓大家知道他們可以公開回應，也可以私下傳訊（很多人樂於幫忙，但偏好私下進行）。

反覆斟酌

別立刻發表出去。花些時間，重新讀過，看是否都沒問題，必要時加以修改，問自己有沒有哪些事情不想讓朋友知道？不想讓家人知道？不想讓同事知道？不想讓前女友或前男友知道？想一下這則發文會讓哪些人看到，在臉書可以設定不讓特定對象看到發文內容。此外，你可以念給信任的朋友或家人聽，請他們提供建議。

實際發文

內容沒問題後，有幾個選擇。你可以發表為臉書上的動態或網誌，臉書網誌的好處是可以加上標題，容易編輯修改。更大膽的做法是發表到部落格（新開一個部落格，或者貼上既有部落格），這樣是開放讓更多人能看到，如果文章標題有「徵偶」等字樣，想找對象的人用 Google 會搜尋得到。部落格網站 WordPress 是新開部落格的好選擇，只需三十分鐘即完成精美設計，最後以照片妝點，順利開站。

小心為上

網路上有好人，也有壞人。你向一大堆人抱持誠心，別人不見得抱持善意，當向不認識的大眾找對象尤其如此。你該盡量知道約會對象的愈多個人資訊愈好，對方跟你的關連程度很小時尤應小心。當你跟對方踏出數位世界，真正展開約會，記得要約在公開場所，讓朋友知道你的約會地點與對象，還要相信直覺。

臉書形同消除「盲目約會」（blind dates）概念，改變約會模式。如果我今天要跟人約會，我會上對方的臉書專頁，查看她的外表、朋友圈、出生地、學經歷，甚至有可能看到她前男友的照片，從感情狀態與動態時報推估單身時間。

前提是她的隱私設定容許我看見這些內容。

現在臉書四九％的男性用戶與五五％的女性用戶不讓外人看見專頁內容。換言之，如果你想實行「臉書探查」，約有一半機率會失敗。

但也有一半機率能成功。

有些人會說這是好事，有些人會說這真討厭，但事實是我們在社群網站時代很少真正「盲目」約會，只要靠 Google 搜尋或臉書探查，對方的底細往往無所遁形。

然而大家還在尋愛，還在不知所措。這時社群人脈就派上用場。有了社群人脈，你不必瀏覽無止無盡的個人檔案，不必自己當起私家偵探，只要向群眾開口，大家會幫你撮合對象，而且不輸（索價高昂的）專業媒人或配對網站。他們不必使用複雜演算法，你也不必費勁填寫反映個人心理特質的檔案資料，就能幫自己找出絕佳對象。群眾具有智慧，你讓他們參與你的感情世界，成果可以相當驚人。

人人是媒人

數世紀以來，大家把撮合姻緣的神聖工作外包給神職人員或其他專人（在部落或古老文化是這樣），撮合的依據也許是各自有養幾頭牛。如今事情稍微變得更複雜。近年配對網站靠演算法撮合用戶，而且大受歡迎，我想也不是什麼新聞了。二〇一三年，皮尤民調中心（Pew Research Center）調查指出，五九％的美國網友認為網路是找對象的好途徑，但五四％的網友也認為大家「沒有靠線上個人檔案好好呈現自己」。

在社群網站上，我們有朋友，也有朋友的朋友，人人可以替朋友找對象，也可以靠朋友找對象。現在回頭想一下格蘭諾維特教授那篇〈弱連結的力量〉，如果弱連結更有助於找到工作，是否也更有助於找到對象？由於強連結對象跟我們認識差不多的人，靠他們找到新對象的機率較低，弱連結對象則能帶領我們認識全新的一群人，獲得約會的新機會。

不過為什麼別人發文說想找對象時，我們許多人會踴躍幫忙？為什麼我們想撮合別人？畢竟我們又沒收費啊。原因在於，根據杜克大學與哈佛商學院的一項合作研究，成功撮合他人能帶來愉悅感受，屬於利他行為。找到對象，會很開心；幫別人找到對象，同樣開心。

蘿特．法蘭珂（Reut Frenkel）聰明美麗，卻老是單身。她用線上配對網站想找到白馬王子，結果只找到一堆青蛙，好幾次的約會對象害她大失所望，跟網路上的形象相差十萬八千里，最後她決定改靠臉書找對象。經過多次掙扎以後，她鼓起勇氣寫說：

> 認識我的人大概能了解對我來說發這則動態並不容易，但我還是要面對問題，好好走出去。這三十二年以來，我很幸運，有很好的家人，有許多要好的朋友，我熱愛工作，熱愛生命中的每一天，然而我還沒找到生命中的那個人，那個在八十歲時跟我一起笑看這則動態的人。
>
> 所以我希望你們怎麼幫我呢？
>
> 也許你認識那個人卻忘記介紹給我，或者也許那個人正在某處尋找我，很想看到這則動態。你可以幫忙分享出去，而且你知道怎麼找到我。
>
> 告訴他說，我在等他。

高達八千人分享這則動態，數百個男性跟法蘭珂聯絡，她開始跟許多不錯的對象約會，效果好過配對網站。她的社群人脈聽見她的請求，出面協助她追尋愛情。

她鼓起很多勇氣才發出這則動態，也花很多時間主動約會，這都多虧社群人脈（八千則分享可以帶來多少對象啊）。社群人脈顯著增加她找到對象的機率，跟我上廣播節目有異曲同工之妙。即使你的人脈不廣，只要真心誠意並且展現脆弱面，觸及人心，別人會有所回應，紛紛分享轉發。法蘭珂的這則動態遠遠超乎個人交友圈，也許能讓那個在八十歲時跟她一起微笑回顧的人看到。如今法蘭珂靠社群人脈已經找到對象，只是她說目前要認定對方是此生摯愛尚嫌太早，但她頗有信心，而且不後悔當初願意信任群眾。

公開尋覓對象，你需要……

談到尋覓對象，我絕對相信社群人脈能跟全球最強媒人一較高下。不過這跟別種群眾外包不同，你必須更信任群眾與展現脆弱面，有勇氣在臉書或推特坦承自己在尋覓愛情、約會對象，甚至朋友。另外，當涉及愛情，親友或陌生人能做到一件我們自己難以做到的事情：目光清楚。

我有個朋友（姑且稱為大衛），他在學生時代的某一天跟好朋友走進酒吧，兩人打了個賭，輸家要請客，打賭內容是大衛可以跟酒吧裡的十個女子搭訕，問對方是否願意跟他上床，只要其中任何一位同意，他朋友就要出這頓晚餐的錢。大衛不是羅密歐，但他懂統計。他先後找上十個女子，很禮貌的問對方是否願意跟他上床，結果真的有一位答應了。大衛不僅免費吃到一餐，還學到寶貴一個啟示，也就是人數的力量。我不是在建議你看到女性就趨前問對方是否能跟你上床（你很可能被賞巴掌或吃官司），但你能從大衛的故事獲得啟發。

後來當大衛想找對象，他想起這次經驗，知道人數很重要：他必須找上愈多女性愈好，才最有可能尋得此生摯愛與未來老婆。最後他認為只剩一條路，那就是社群人脈。他開了一個部落格，傾吐想追求愛情與建立家庭的心情，然後把部落格告訴朋友圈。大家過去參觀，對他的追愛心情感同身受，對他的勇氣與真誠大為激賞，紛紛介紹他們自認合適的單身女子拜訪這個部落格。

最後大衛找到了理想對象。他在部落格介紹自己是個素食主義者，那位理想對象在 Google 輸入「我該怎麼找個素食主義者約會」，結果找到他的部落格，接下來的發展大家可想而知。憑公開求愛需求，如今他跟那位對象快樂成婚。若非真誠善用社群人脈，他現在可能還在家裡等待邱比特朝他射箭，或者還在城裡的酒吧徘徊流連。

找到約會對象了，然後呢？

社群人脈不只有助於找到約會對象，還有助於做好約會準備。我每次約會前都緊張兮兮，像要參加壓力很大的求職面試，但甚至不確定我是否想要這份工作。對我而言，抗癌可能還比約會容易。你絕對可能碰上很糟的約會，無論對象是你靠社群人脈或配對網站找來的，還是你老媽的死黨的妹妹的姪女的表哥的隔壁鄰居。

現在有個新應用程式稱為 Lulu，我看了以後很高興自己早已結婚，不必再找對象約會。這個應用程式提供女性匿名替約會對象評論與評分，類似旅遊網站 TripAdvisor，只是評分對象從旅館改為約會對象。根據機密演算法與女性用戶給約會對象的主題標籤（hashtag），男性用戶會得到一至十分。各個主題標籤包括：#毫無性致、#精蟲衝腦、#媽寶、#喜歡亂瞄，還有比較正面的：#型男主廚跟#高帥陽光。

巴西某名男子正在控告 Lulu，原因是對評論不滿（雖然他得分很高）。基本上，Lulu 只是把女性永遠在做的事情化為線上集體版：對遇到的男性品頭論足，打個分數。如今她們只是把個人觀察整合為群眾智慧。Lulu 能否挺過男性的反撲，我們不妨拭目以待，至少目前為止，Lulu 仍蒸蒸日上。

正如我們能靠社群人脈找到約會對象，我們也能靠智慧共享決定約會對策。如果你在 Google 搜尋「初次約會的點子」，最前面幾筆搜尋結果，包括某篇部落格的建議：「凌晨四點起床，一起觀賞日出。」智慧共享給的答案跟 Google 搜尋結果則截然不同。有人在社群問答平臺 Quora 發問：「大家會建議在第一次約會做些什麼事情呢？」最常見的建議不是凌晨四點一起看日出，而是外出野餐。網友還提出初次約會的不宜做法：吃豪華大餐、看電影（雙方無法交談），還有看脫衣舞秀。話說回來，如果你得靠智慧共享告訴你別第一次約會就去看脫衣舞秀，往後每次約會大概都會想跟大家猛求建議。

在Quora網站，你可以匿名向網友尋求千奇百怪的約會建議。有些人會選擇這種匿名網站發問，而不是選擇臉書或推特，畢竟你真的會想讓初次約會對象知道你花整整兩天決定該穿什麼嗎？或者讓對方知道你問過大家是否該在約會期間或最後要求接吻？

先是戀愛，後是婚姻

好了，現在你憑社群人脈找到約會對象，甚至開始交往，那麼接下來呢？一旦開始交往，就得讓關係持續——讓愛火持續燃燒。智慧共享能讓兩人關係變得更好嗎？更容易嗎？更讓人滿意嗎？

老實說，二〇一三年有超過三分之一的離婚申請書提及「臉書」。臉書創辦人祖克伯在二〇一二年把感情狀況改為「已婚」，但臉書是許多伴侶把感情狀況改為「單身」的元凶，供用戶與舊愛恢復聯絡，與萍水相逢的對象結為朋友，還有以私密方式彼此互動，結果時常對婚姻造成不利影響。沒人懷疑社群網站可能對關係有害，但智慧共享也能協助你經營好關係，甚至避免你浪費太多時間維持糟糕關係，不必花數年心理治療。

加入主題社團，向他人經驗取經

學習經營關係之道的一大途徑是向他人的經驗取經。在替這章做研究之際，我想找靠智慧共享經營婚姻或親子等關係的一大群人。以前有公共論壇供大家聚集起來討論各種議題與分享經驗，如今許多人則以臉書代替公共論壇。

問題在於，許多臉書社團並未對外公開，只有會員能看，但入會有條件限制。

許多人跟我說某個臉書社團以親子與伴侶關係為主題，充分發揮智慧共享的力量，改變成千上萬人的人生。

我超想加入那個社團。

但有個問題。

她們只接受女性。

男，性，勿，入。

結果我做了不太光采的事情。我用一個女性友人的臉書帳號上那個社團，想替本章蒐集資料。意外的是，我首先看到的貼文如下：

「我老公是智障！」

我很驚訝。怎麼有人會這樣說？而且這並非匿名，所有社團成員都看得到她的名字與頭像，還能查到她老公（所謂的智障）是誰。

女人私底下都這樣嗎？這形同夢魘成真，我代替所有智障老公感到一肚子火。

接下來我讀起她得到的回應，更加訝異的發現許多網友附和說：「講得好，我老公也是智障！」大家似乎都認為自己的老公是智障，但她們也繼續說：「不過他是無可取代的。」

我開始發現她們不只在這裡紓壓解悶，還一起思索如何面對自己跟子女、伴侶與世界的關係。我的一位女性友人解釋說，當兩個女性在公廁談到老公、約會、伴侶、工作或小孩等任何話題，其他女性往往跟著七嘴八舌，設法建議。

也許至少半數讀者不會對此感到多意外，但由此可見，早在社群網站問世以前，甚至早在網際網路發明以前，女性就靠群眾外包面對各種關係的問題、兩難與抉擇。不過原因是什麼？神經科學醫師露安・布哲婷（Louann Brizendine）著有暢銷書《女人的大腦很那個……》（*The Female Brain*），她指出女性負責語言與聆聽的腦區比較發達，神經元數目比男性多一一%，負責情緒與記憶形成的海馬迴比男性大，負責觀察他人情緒的「線路」也多過男性。此外，她發現女性在交談時會分泌大量催產素與多巴胺，「這是性高潮以外最激烈的神經回饋」。

同樣地，大概半數讀者對此不會感到意外。

女性不只擅長溝通，從穴居時代就組成團體互相支持。進化生物學認為男性面對壓力的反應是「對抗或逃避」，女性則是「照料與呵護」。男性外出打獵之際，女性在家照料後代，靠結盟互相保護。由此可見，女性面對壓力時更可能尋求他人的支持。

當壓力來自另一半，女性會在廁所、茶水間或更正式的互助團體裡彼此交流，尋求建議。不過除非你家廁所能容納至少二百五十位女性，否則談不上智慧共享。也許能閒聊八卦，也許能得到支持，也許能獲得好建議，但不會有群眾智慧。

談到愛情與親密關係，我們都能藉由社群網站向更多人（遠超廁所以外）集思廣益，獲得跟身旁親密好友大不相同的見解。**親密好友無法提供群眾智慧，往往只想勸我們冷靜，幫我們把行為合理化，提出的建議失之偏頗。**

我滲透的那個臉書社團像是一群好友，只是人數高達數萬，大家幫忙彼此面對日常生活的各種挑戰。智慧共享讓我們得以分享親密關係面臨的問題，向前所未見的廣大群眾求助。

談到那個臉書社團，最後我還有一點要提。我在臉書分享那次經驗以後，消息傳開，外頭得知有個男的靠假冒他人混進只接受女性成員的社團，有些女性大為光火，我連忙抱歉，保證絕不再胡亂混進未公開的社團。

我沒有在本書講出那個社團的名稱，但要是你哪天看到底下這個超熱門的貼文，就知道自己找對社團了：

「李爾・羅瑞夫是智障。」

沒戀愛經驗的阿宅，也能解決愛情難題

在我們追求充滿快樂與意義的親密關係之際，都會對「這個叫做愛情的神祕玩意兒」冒出許多疑問。

幸好智慧共享讓我們不必再胡亂猜測，集思廣益讓我們變得聰明許多。

如果我這種完全不懂且害怕異性的古怪阿宅都能有數百個約會機會，社群人脈只會更神通廣大。藉由智慧共享的幫忙，你能找到此生摯愛，化身約會專家，解決最剪不斷、理還亂的愛情難題。

但別只聽我一直呱呱講，你該確實付諸行動，拿出誠心，鼓起勇氣，展現脆弱

面，跨出舒適圈，成果絕對會令你難以置信。
如果你還是不信，去問我母親吧。
她會講得沒完唷。

第 10 章

教養專家——父母育兒的好幫手

就直說吧：為人父母不容易。小嬰兒出生時可沒附上扶養指南，也沒有不滿意就退貨的六十天試用期。幼童沒有扶養指南，青少年沒有，突然出現在門口並決定搬回家的大學生也沒有。重點在於，我們當父母時多半不知道自己在做什麼，而且一年一年過去，疑惑反倒日漸加深，似乎往往只能希望自己做得比父母好，而父母希望自己做得比祖父母好，一代一代如此希望。

這一百年來我們是組成小家庭，但之前六萬九千九百年則屬於大家庭——多代同堂，左鄰右舍守望相助，大家合力負擔養育與照顧小孩的工作。我們都聽過「養小孩要靠全村」這句俗語，但老實說，養父母也要靠全村。

靠整個超大的村子。

很少人有這種超大村子。雖然人類文明長年是依靠大家庭、整個群體或部落互相扶持，但根據二〇一二年美國的普查數據，三代同堂的家庭只占五％，三七％的孩童成長於單親家庭。整體而言，過去幾十年美國的發展趨勢為「家庭愈變愈小，婚姻家庭愈變愈少，獨居的人日漸增加，高齡人口的獨居比例尤其攀高」。家庭出現空缺，但智慧共享有助加以填補。

你也許不住在村子裡，親戚也住得遠，但你能找社群人脈幫忙處理原本要靠家族或部落聚會來決議的困難事情。有了智慧共享，無論你家中成員有多少，無論親戚住得有多遠，你都不會孤立無援。

群眾無法幫你帶小孩，無法晚上幫你把肚子痛的小寶貝搖到睡著，無法即時幫你管教子女，但他們的建議與分享同樣能幫你一把。當我們沒有家人能求助，就轉為跟社群人脈求援，從一大群經驗豐富的過來人身上獲得智慧，從同樣飽經考驗與折磨的家長身上獲得慰藉。

「幫幫我啊！」向一群父母求助

我們為人父母時，難免洋洋得意的把小孩照片給大家看，吹噓他們有多棒：強尼八個月大就會走路了；蘇西才兩歲就記得住字母耶，而且是四種不同語言的字母；小喬伊在幼稚園上了榮譽榜。我們很愛分享兒女的成功，因為我們認為這絕對反映我們身為父母的成功。相較之下，我們很難說出強尼、蘇西跟小喬伊令人傷透腦筋的時候，很難說出我們曾經在雜貨店的貨架之間眼眶含淚，不知道拿這些小麻煩如何是好，感覺自己一切都做錯了。我聽過有些父母（半開玩笑的）自稱開了一個銀行戶頭，替子女存未來看精神科的診療費。

身為父母得有些虛心，才有辦法向群眾求援。「幫幫我啊！」不只是有力的祈禱，也是獲得群眾智慧的簡單迅速方式。智慧共享能協助你成為更好的父母，也讓你知道有一大群父母對你的痛苦感同身受，形同你的後盾。

新手父母的數位後盾

育兒網站 BabyCenter.com 是新手父母數一數二的數位後盾。這個網站在全球有超過三千六百萬名用戶，自稱網路上有五分之一的新手父母（多數是母親）會上他們網站，因此這裡提供豐富資源，是憑智慧共享一次解決育兒問題的最佳去處。這裡的討論主題包羅萬象，諸如受孕、懷孕、哺乳、嬰兒、孩童、前青春期、青春期等，任何疑難雜症都能獲得協助，甚至還有針對懷孕過程每三個月不同階段提供諮詢的「孕婦導師」，超過一萬八千個討論群組也形形色色，群組名稱包括「肯塔基州青少女媽媽」、「超臭尿布討論組」或「怪胎小男生」等，如果你真找不到中意的，也可以自創群組（但請記得「歐洲捐精俱樂部」群組已經有了）。

育兒網站 BabyCenter 設有許多適合集思廣益的論壇，但愈來愈多父母也會在臉書社團發問。從許多方面來看，這都是更迅速有效的做法，因為你上臉書時會即時得到通知，得以參與討論。我們一天下來時常需要各種當父母的小智慧，靠臉書也就十分方便。另一個重點是，你可以加入自己所居住城鎮的臉書家長社團，成員也許包括跟你在同一家雜貨店帶著「小麻煩」買東西的家長。許多社團只讓母親加入（相信我，父親請勿加入），但也有不少社團是供父親參加。你所住的城鎮沒有開給父親的臉書社團嗎？自己成立一個吧，在臉書成立社團很容易。此外，臉書上也有針對特定教養方式或價值觀的社團：「親密式育兒匿名社團」、「伴睡失眠互助會」、「純素母乳討論組」，還有我個人最喜歡的「猶太媽媽經小天地」。

從慶生點子到管教難處，各種探討主題無所不包，箇中魔力在於你會知道自己不是孤軍奮戰。養育下一代是人生大事，但有處境相近的一群人從旁協助，壓力絕對大幅減輕。此外，知道其他父母也跟你犯下相同錯誤的感覺還不錯。當我們向社群人脈求助，我們不只獲得群眾智慧與專業建議，還能得到一大堆歡笑。如果你覺得自己在小朋友生病時反應過度，你可以上育兒網站 BabyCenter 看一個叫做凱洛琳的網友做過什麼事，這位新手母親剛看完恐怖片《大法師》（*The Exorcist*）不久，碰巧女兒病到狂吐，結果她不僅打給醫生，還打給神父。

只有同樣為人父母才會明白養育子女的深切關愛與極致喜悅，也了解其中潛藏的深切哀傷與自我質疑。生兒育女就像在狂風大作時走過大峽谷上空的鋼索。智慧共享則是你的防護網。

育兒求助的防護網

應用程式 WhatsApp

應用程式 WhatsApp（www.whatsapp.com）也是尋求智慧共享的好方式。這是一款免費的跨平臺應用程式，近來廣受歡迎，許多父母不想在社群網站提及子女隱私或自身祕辛，但又想從群眾或朋友獲得建議，就會使用這個應用程式。你可以在朋友之間自創群組，藉這個封閉平臺私下分享較為個人隱私的事情，得到妥善回覆，不必怕外洩出去。這個應用程式在多種裝置都能無縫使用，例如：靠手機即時向群組發訊與回覆。

問答平臺 Quora

所有小孩都獨一無二，育兒問題卻往往大同小異。不是所有問題都適合在臉書、BabyCenter 或 WhatsApp 發問。先前我們討論過，靠智慧共享集思廣益可能需要時間，所以在向你的群眾（或所有網友）發問以前，該先搜尋是否有人問過相同問題。換言之，很多問題其實都有人問過，有人答過，有現成的群眾智慧擺在那邊。問答平臺 Quora 是搜尋育兒智慧的好去處。此外，任何父母都需要節省時間，你可以在 Google 輸入你的問題，後面加上「site:quora.com」，這樣一來，你只會搜尋到 Quora 網站裡的資料。如果一無所獲，那就一定要自己靠智慧共享找出答案，還能順帶幫到下一個同病相憐的家長。

力求言簡意賅

如果你在臉書、BabyCenter 或 Quora 發問，記得問得言簡意賅。這類平臺通常充斥一大堆問題，內容又太落落長。沒人想聽你大談生平往事，囉囉嗦嗦講著自己孩子的點點滴滴（除非他們是你的熟人）。問題該保持簡短，容易了解。問得愈簡短清楚，獲得的回應愈多，就這麼簡單。

教養問題也難不倒

某日，我七歲的女兒瑪雅從學校哭著回家，我見狀懷著跟所有父親一樣的心情走向她——我滿懷害怕與不安。不過我是她的老爸，無論是怎樣的惡龍欺負她，我誓將復仇血刃。

「小瑪雅，怎麼啦？」我問。

我準備好面對任何回答：某個男生推她；某個女同學不肯跟她玩；老師太凶了。無論是誰把她弄哭都要付出代價，我是她老爸，看我的厲害。我甚至暗自草擬一封措辭強烈的警告信，準備呈交給校長。

老子可是惹不起的。

結果到底我女兒為什麼哭哭啼啼難過不已？原來她有個朋友在學校喝可樂，但她是不准喝可樂的。她跟我說她很羨慕那個朋友，還繼續說其他朋友都有她沒有的東西，害她既羨慕又難過。

「不公平啦。」她說。

哇，這下子麻煩了，我不能衝出去血刃一罐可樂，不能寫封措辭強烈的警告信給可樂，也不能因為朋友害瑪雅很羨慕就改成准她喝可樂。

我決定跟她好好說明人生的道理。我解釋說別人一定有我們沒有的東西，反之亦然。我還解釋說有些東西不健康，但廣告跟廠商巴不得我們看到別人有就心生羨慕，這樣他們才會荷包滿滿。接下來我開始暢談行銷策略。

在我談到產品定位的某個時刻，她不聽了，完全不肯聽了。人生不公平，我很不公平，她不能喝可樂，所以她叫我解釋為什麼她不能喝但朋友可以。

我別無選擇，只好講出所有父母碰到類似狀況最後不得不用的說詞。我討厭這個說詞，先前發誓絕不使用，但如今走投無路，只能說出天底下任何父母都不認為自己會講出口的這六個字：

「因為我說了算。」

那天晚上，我滿心歉疚，只好上臉書問大家該如何教女兒別羨慕朋友，該如何告訴她說物質並不那麼重要？更重要的是，我向大家請教該如何妥善處理這種狀況。

這次大家同樣沒有讓我失望。許多臉友告訴我說，我該做的不是試圖解釋為什麼她不能喝可樂，而是解釋為什麼我自己不喝可樂，藉由我自己的健康行為替她立下身教。

大家還叫我稍微放點水，他們的智慧是：「偶爾讓你女兒喝點可樂吧。」此外，他們建議我在教導女兒處事態度時絕對別提產品定位、行銷策略或廣告廠商什麼鬼的。

下次女兒說她羨慕哪個朋友時，我會說我了解，展現出同理心，選擇用心說話，不是用腦說話，而且要跟臉友請教處理方式。

有了智慧共享，任何惡龍我都能打倒。

別在社群管教子女，保持尊重

我可以在臉書分享育兒困境，原因是瑪雅在二〇一〇年還沒用臉書。如今我們的小孩往往有臉書帳號，甚至加父母為朋友，臉書變得不見得是家長求助的最佳管道。如果你在臉書上公開講孩子，他們只怕會立刻把你刪除好友，毫不留情，青少年時期的子女尤其如此。

務必記得這個建議。子女也許會不情不願地把你加為臉書「朋友」，但不代表他們真想跟你有半點瓜葛。

沒有父母想在社群網站上被自己的子女從朋友名單中移除，這很難受，所以**別用丟臉醜照標記子女，也別插進他們的發文或對話**。你可以旁觀他們的動態內容與聊天對象，但記得保持一個尊重的距離。我知道有位母親用網路管教她十幾歲的兒子，在臉書上說：「寶貝兒子啊，別在臉書東聊西扯，快做功課吧，愛你的老媽留。」幸好他兒子脾氣好，沒有怎麼樣，但後來他不只一次明確表示：「家長不該用臉書。」正是基於這個原因，許多青少年棄臉書而去，改用 WhatsApp、Instagram 跟 Snapchat 等其他平臺或應用程式。

把對子女的話留在晚餐桌上說吧。

如果你想靠智慧共享解決年幼或青少年期子女的問題，問答平臺 Quora 是匿名發問的好去處。莫瑞的十九歲女兒申請上名校，卻說不想讀大學，他連忙上 Quora 求助。他說他當面對她表達失望，說她是在白費大好前程，結果她哭著跑走。

他問說該怎麼辦，結果收到網友的十則詳細答覆。你猜大家都是怎麼建議？大家建議說她已經成年，他該尊重她的決定，支持她追尋夢想，學校永遠都在那邊，文憑也不是衡量成功的唯一標準。

他聽進群眾的智慧，告訴女兒說他會支持她的任何選擇，甚至把輟學致富者的影片連結傳給她。兩年後，他開心發文表示女兒在名校就讀第二年了。

全球大家庭，幫你成為更好的父母

我們自己為人父母時，都希望我們的父母能提供各種睿智建議，可惜他們不見得依然健在，也不見得非常睿智。Quora 不只是臨時發問的好去處，也是未雨綢繆儲備各種建議的好地方。

我希望三名子女長大後會回想起我當年給他們的睿智建議。另外，我也需要儲備他們將來有一天會用到的好建議。Quora 上有個問題說：「你爸給過你最棒的建議是什麼？」這則提問吸引到超過八百則回覆，我覺得必有參考價值，於是從中選出幾則未來想跟子女分享的人生建議：

- 你今生遇到的任何人，即使是街上的可憐蟲，皆有值得學習之處。
- 人生真正擁有的東西屈指可數。
- 每個人的生命皆有價值。
- 知之為知之，不知為不知。
- 無論你在做什麼……別悶頭蠢幹。你不必事事都懂，但要懂得找對方法。

我要分享給子女的最重要建議就是，他們不只有身邊最親愛的家人，還有一個橫跨全球的大家庭，永遠在他們需要建議時伸出援手，他們會有自己的群眾。我也會分享說，他們的父母犯過許多錯誤，他們自己為人父母時也會錯誤連連。

談到為人父母，我們都要同舟共濟，有時風平浪靜，有時幾近沉沒，但永遠不必獨自面對，整個超大的村子始終守在那邊，幫我們成為更好的父母。

我們要做的只有開口發問而已。

第 11 章

群眾醫師——照顧好你的健康

我的群眾知道我有點慮病症，每次頭痛都怕是腦瘤，每次手臂無力都怕是心肌梗塞，更別說我前前後後無數次擔心自己罹患絕症，到頭來全是白擔心一場。如果我在大批觀眾面前演講卻一時結巴，我會立刻認為自己得了後天性癲癇性失語症，而不是太過緊張；如果我發現手臂一塊皮膚乾乾的，我不是拿乳液，而是搜尋瑞福森氏症（Refsum disease）[1]的其他症狀。我不只一次上美國罕見疾病組織的資料庫查看（這是我的小祕密，我可恥的希望哪天會有罕見疾病以我命名）。可是撇開我的慮病傾向不提，智慧共享提供一個向群眾尋求建議的獨特良機，幫助我們顧好自己最重要的資產——身體健康。

在替本章做研究時，我的身體出現一個奇怪症狀。我會咳嗽，不停咳嗽，沒有發燒卻日夜咳得不停。如果我上諸如WebMD、Healthline或MedicineNet等熱門健康網站，我會認為自己罹患肺癌或感染黴菌。

我不是替自己籌劃葬禮，而是去看醫生。她安排我抽血與照X光，卻查不出病因，於是把我轉介給一位肺科名醫，他（做過更多檢測以後）也一無所獲，只好把我轉給另一位耳鼻喉科專家，最後我總共看了五位醫生卻仍查不出來。我滿腹疑問，滿心沮喪，繼續日日夜夜咳來咳去，還想說搞不好這是個先前沒人知道的疾病，日後會命名為「李爾羅瑞夫症」。

不過我想起狄波拉如何靠臉書上的智慧共享解救兒子李歐，於是決定找臉友診斷我的奇怪症狀試試看。我的貼文如下：

我即將在奧蘇塔私人醫院發表演說。身為慮病症患者，我很喜歡這類研討會，總感覺自己受到安全照顧……

我再幾分鐘就要登臺，卻決定花這段短短時間向大家詢問一個健康問題。在過去幾週我狂咳個不停，照過X光（結果沒問題），抽過血（結果沒感染），醫生開抗生素（欽納特錠與洛克索鎮咳錠）給我，但沒什麼幫助。

所有醫生都找不出咳嗽的原因，我很想知道在醫生一籌莫展之際，群眾智慧能

①瑞福森氏症，一種罕見的基因異常疾病，會造成手腳無力、麻木等周邊神經病變，也會造成失明、耳聾、嗅覺喪失，以及協調與平衡問題、心律失常，主因是病患無法代謝食物中的植烷酸，因此無法吃牛肉、羊肉、魚肉等食物。

否幫上我……

大家覺得呢？我真不想再咳下去了……

短短兩小時內，五千位臉友給我許多建議。如同戀愛那一章所言，我認為靠表格幾乎能解決人類所有已知的問題，因此把大家的建議列為表格，分門別類加以統計，結果如下：

百日咳	11
胃食道逆流	8
過敏	6
壓力	3
氣喘	2
病毒	1

群眾的診斷是我患有百日咳。

隔天我問第一位醫生說禍首有沒有可能是百日咳，她說不太可能，原因是大家都打過疫苗，但她還是幫我安排檢測（我一直堅持要測，她大概只是想把我請出診間吧）。之後檢驗報告出爐，結果一清二楚：是百日咳沒錯。

我打給醫生，有些不爽地說：「為什麼五個醫生都沒想到百日咳？妳怎麼會沒想到？」

她說：「李爾，我行醫三十年了，這是第一次碰到有人罹患百日咳。」

智慧共享再次幫我一把，勝過五位替我看病的醫生。可是我在此聲明，我絕對絕對不是叫你完全依賴智慧共享來照顧健康。醫生會犯錯，群眾也會犯錯，只是正如前言裡狄波拉的故事，群眾智慧有可能救我們一命。人人都知道多聽第二種意見是好事，但你從智慧共享獲得的不只是第二種意見——而是由五百人、五千人甚至五萬人給出的意見。談到健康問題，記得把社群人脈納入諮詢對象。

搜尋不等於運用智慧共享

《紐約時報》（*New York Times*）報導指出，五分之四的網路用戶會搜尋健康資訊。我們都搜尋過。可是搜尋症狀、瀏覽健康網站或查看罕見疾病資料庫，都不算運用智慧共享。當你針對特定症狀上網搜尋，搜尋結果多半偏頗，不是群眾智慧，反而往往提及極端案例，甚至強調死亡案例，藉此吸引注意，這些資料能出現在搜尋結果的第一頁正是基於此理。此外，搜尋結果也時常受藥廠操弄。網路上確實有可靠的醫護資訊，但也充斥猜測、胡說與廣告。醫療照護市場龐大，而當涉及大量金錢，操弄現象多半嚴重，你很難知道資料是否可靠（除非你有醫學背景）。

智慧共享能解決這個問題，尤其當你向群眾說明症狀，並請他們根據自身經驗提供建議的時候。當你請醫生提建議，醫生一向是根據自身研究、訓練與有限的看診經驗來回答，但當你跟一大群人詢問他們的自身經驗，你會獲得另一組同樣實用的建議，而且遠不受偏頗因素影響。

智慧共享無法取代實際看診，卻是獲得額外健康資源的管道。你可以去就診，提出靠智慧共享得到的建議供醫生參考，就像我提出百日咳那樣，但願醫生能認真看待你靠智慧共享獲得的「第二種意見」。此外，智慧共享也是找醫生的好管道，能針對任何問題提出獨立的建議。比方說，你可以請大家替你的小孩推薦不錯的小兒科醫師。根據你的群眾人數與多元程度，你也許需要明確限定你想找哪個地區的醫生，或者說明你是在找專攻兒童糖尿病或注意力不足過動症的名醫。無論如何，問題愈具體，建議愈明確。提及數或按讚數最高的醫生，就是群眾在這個問題下的智慧結晶。你當然要自己親自去找那個醫生看診，也許前三名的醫生全試試看，但智慧共享已經替你省下許多自行研究的時間，也讓你避開一般搜尋的誤導。

群眾能在許多方面給予協助，但也在許多方面愛莫能助。群眾無法實際替你檢查身體，無法開藥，也無法看診，他們能做的是協助你盡量做出最佳決定。我們能靠智慧共享獲得第二種意見，了解不同療法與替代選項，還有稍微更了解自身的健康狀況。現在這個時代，醫師似乎愈來愈沒時間聽我們講述病症，有群眾在那裡肯好好傾聽並陪我們聊，令人更加安心。

撼動醫護，提升用藥、診斷、科學

那時我準備登臺向一群肝臟科醫師演講，正等在一旁。身兼肝臟協會會長的知名教授在臺上開始說明十一個肝病檢驗病例，臺下每位醫師手上都有電子裝置，可以即時回應，從四個可能選項中挑選最佳療法。

我當然很感興趣。他們都是醫學專家，我期待八五%的觀眾會從四個選項中選出同一個。講者講起第一個病例，大家送出投票，結果每個選項竟然得到差不多的票數。我想說只是湊巧。沒想到，接下來十個病例的投票結果同樣非常分歧，四個選項的票數不相上下。

我很好奇為何會有這種結果，一時之間，慶幸自己不是肝臟科醫師，不必參與療法投票。

我不是在暗示說一般人能比肝臟專家更行，選得出最佳療法，我想到的是病患要做醫療選擇時還真困難，而這正是群眾能提供可貴想法之處。如果現場有肝病患者，我想他們（根據自身經驗）的答案不會如此分歧。此外，如果做決定的不是五十個醫生，而是五萬個醫生，也許他們能從四個選項選出最佳療法。由一大群專家集思廣益會有絕佳成果，LinkedIn 社團（如前所述）與其他專業社團都是如此。

如果我需要動手術，我不會請群眾操刀，但會問他們認為哪個選擇最好，從他們的群體經驗中獲益。我也會向一大群專家請益，獲取第二種意見。

現在回到那場演講。換我上臺後，我開始說明群眾智慧，但並不順利。臺下的他們是醫學專家，往往難以理解一群普通人為何能提出好見解，甚至無疑感覺受到威脅，畢竟他們投入大量時間與精神學醫，而且醫療判斷錯誤時當然攸關人命。但另一方面，智慧共享無疑是撼動醫界的一股力量。社群人脈就在那邊，儘管永遠無法取代醫生，無法取代其寶貴知識與經驗，卻促使醫生向病患做出更好的說明，也促使醫療變得更公開透明。

智慧共享有潛力影響醫療的各個層面。如今醫療資訊、專業知識與病患經驗變成公開資源，我們不再獨自默默面對治療的成敗。接下來我列舉出智慧共享對醫療的幾個幫助。

提升用藥

新創公司 Treato（www.treato.com）蒐集數十億則醫療相關線上發言，以他們口中的「健康社群網路」索引歸類，藉此找出群眾智慧。他們採取系統化做法，在論壇、部落格與社群網站等蒐集所有公開資料，分析病患實際的服藥經驗，找出現有藥品的新用途。

Treato 網站的介面以後終將改版，但現在你上去的話會看到一個搜尋輸入框，一旁寫著「看看數百萬名病患怎麼說」，其他都很簡單。你輸入藥品名稱，接著會看到藥品簡介，還有主要問題與正反意見的列表。如果你特別擔心某種副作用，可以加進原本的搜尋條件。比方說，我可以搜尋「立普妥與肌肉痠痛」，搜到其他病患碰到這種副作用的服藥經驗。如果搜不到資料，我的肌肉痠痛也許是出自其他原因。

這個網站的特點是在於蒐集真正「專家」的智慧，也就是實際服藥者的經驗，而不是採用藥廠的說法。

站方在網路世界搜尋病患對特定藥物或療法的經驗，也許從部落格或某個網頁搜到資料，接著靠演算法找出各經驗之間的共同點。Treato 的創辦人吉迪恩・曼托（Gideon Mantel）告訴我說，他們檢視過大量資料後有許多意外發現。比方說，許多女性表示，美清痰與勞敏士等兩種知名止咳藥水不只有助止咳，而且有助懷孕。他們的演算法發現三百至四百位女性在部落格提及這個意外關連。大概三%至四%的網路用戶會分享醫藥經驗，足見約有一萬名女性遇到相同狀況，這如同一個清楚信號，藥廠可以由此切入，研究新的藥品用途。

清楚信號有時來自另一個地方——沉默。最近美國食品藥物管理局在經過十年考慮以後，核准沛麗婷與酷適美這兩款減肥藥上市。減肥很熱門，網友應會熱烈討論這兩款減肥藥，但 Treato 卻發現，討論筆數很少。這樣的沒有信號，其實是重要信號，代表目前大眾不覺得這兩款減肥藥有什麼真正價值。

我不是在建議婦科專家選用止咳藥物，而且憑實驗證實或否定病患實際服藥的經驗要花很長時間，但群眾智慧依然不容忽視。曼托表示，他們公司總共發現一萬五千種現存藥物的潛在用途，也就是醫生口中的「仿單標示外使用」（off-label use）。誰知道群眾會有什麼發現？如果止咳藥水能幫到數千位不孕婦女，也許群眾能對消滅頑強病症做出長足貢獻。

提升診斷

有時我們會無意間用到群眾智慧，堪稱無心插柳。二〇一二年，一名年輕男子把前女友留在他家的驗孕棒拿來用，結果竟然呈現陽性，但他不信自己是史上第一個懷孕的男性，只是嗤之以鼻，認為驗孕棒不準。他把這件事告訴一個朋友，對方聽完開玩笑說，要在網路上宣傳他懷孕的消息。

最後他們決定在推文網站 Reddit 發表這個玩笑，認為能讓大家笑一笑。如果你不太知道 Reddit，簡單來說，這是個貼新聞與趣事的網站，網友會在上面分享趣事並互相評分，但不像臉書是按讚，這裡的「鄉民」能選擇替一則趣事「加分」（up）或「扣分」（down）。某方面而言，這平臺能靠群眾力量找出最有趣的新聞與故事。

他們發文以後，獲得超過一千五百條回覆，很多鄉民說男性驗出陽性代表可能罹患睪丸癌，那名年輕男子立刻去看醫生，結果他的睪丸上確實有一小粒腫瘤。幸虧有群眾智慧，他才能在初期發現腫瘤，迅速治好。

提升科學

群眾智慧在醫療方面不只對我們個人有益，對整個科學界亦然。目前科學界已經在利用群眾力量找出療法，獲得驚人成果。十幾年來，一組國際團隊試圖破解梅森菲舍猴病毒蛋白酶（Mason-Pfizer proteases，與愛滋病有關）的結構，可惜始終徒勞無功。人體至少有數十兆個細胞，每個細胞內部有由胺基酸構成的蛋白質，用來對細胞下令。蛋白質有數千種，其中含有一百到一千種不同的胺基酸，整個蛋白質呈現特定（且複雜）的形狀，形狀則決定蛋白質的功能。只要破解蛋白質的結構，就能了解其功能，使之對特定藥物產生反應，可惜要找出某個蛋白質的最佳結構是生物學界的超級難題，很花時間與金錢，就梅森菲舍猴病毒酶的例子而言，連電腦也無法破解結構。原因為何？因為連很小的蛋白質都有極多組成方式。然而華盛頓大學的幾個學生認為，人腦比電腦更能解決複雜難題，於是想出一個獨特點子，那就是建構一款破解蛋白質結構的線上遊戲。Foldit 遊戲於焉誕生。

短短十天，Foldit 吸引到二十三萬六千名玩家，其中一支由二十五名玩家組成的隊伍成功破解梅森菲舍猴病毒蛋白酶，替愛滋治療做出貢獻。華盛頓大學遊戲科學中心主任帕波·維奇（Zoran Popovi ）在記者會上表示，新手合作能媲美專家，「足以提出一流的科學發現」。這大概只是開端，今後科學界與大眾會有更多合作，協力解決當前全球面臨的關鍵醫學難題。

顛覆醫界現況，迎向重要變革

許多人認為整個醫界需要一場顛覆。美國的新進醫生平均只替每位病人看診八分鐘，只有八分鐘，病患連自我介紹都不太夠，遑論好好說明病症與發問，自然難以獲得妥善回答。難怪在 Google 每月針對健康問題的資料搜尋筆數高達十四億筆，這根本不足為奇吧？看診簡直變成另一種快速約會。

這大概是愈來愈多人向群眾尋求醫療智慧的一項原因。CrowdMed 網站（www.crowdmed.com）應運而生，創辦人為傑瑞得·黑曼（Jared Heyman），他在妹妹卡莉（Carly）飽受不明病症折磨三年以後創站。

二〇〇三年，卡莉開始出現奇怪症狀，每晚睡眠十四小時，白天依然疲憊不堪，臉部發熱、夜間盜汗、心情焦慮、體重無故減輕。她才十七歲，因病輟學，家人認為她也許受憂鬱症所苦。

三年期間，卡莉看過二十幾位醫生，他們盡力診斷卻一籌莫展，家人為此花掉十萬美金卻一無所獲。最後她得到請美國衛生研究院一組跨科團隊檢查的機會，經過一週的檢驗以後，結果出爐，她是罹患X染色體脆折症原發性卵巢機能不全症（Fragile X-associated primary ovarian insufficiency，FXPOI）。這項疾病的盛行率為一萬五千分之一。經過三週治療，多數症狀消失無蹤。

黑曼目睹她的經歷，再看到後來她終於由美國衛生研究院的一組「團隊」確診，他從中獲得創立CrowdMed網站的動力與靈感。他以她的疾病為第一道題目，考驗網站上超過四千名的「醫療探員」，結果大家只花三天就找出病因，不是耗費三年。她自己的醫生根本沒聽過這種卵巢機能不全症，但這不令人意外，畢竟全球有超過七千種罕見疾病，哪一位醫生有可能追蹤掌握所有相關資訊（如果你想獲得醫療方面的最新資訊，觀看黑曼的訪談影片，請上：mindsharing.info/health）？

CrowdMed 利用名為「預測市場」（prediction markets）的機制，試圖解決世上最難纏的各種病症，也就是醫生診斷不出的病症。

「預測市場」是藉由群眾智慧進行預測。群眾必須做出預測並加上發生率，提出價格（可以是實際數字），藉此反映對預測的自信程度。最終價格最高的預測，就是發生率最高的預測。「預測市場」能預測新產品的銷售成績，在 CrowdMed 則用來診斷病症，藉由群眾智慧找出最可能的病因。

CrowdMed 網站不僅替病患省下時間與金錢，更重要的是，提供一組可能病症的清單，病患可以拿群眾預測的結果去看醫生，好好善用八分鐘看診時間。群眾智慧正替醫界帶來所需的顛覆力量。

大眾的見解不亞於專家

特拉維夫索拉斯基醫學中心（Tel Aviv Sourasky Medical Center）是以色列首屆

一指的大型醫院，執行長由蓋博瑞・巴拉巴什（Gabriel Barabash）教授擔任。當時我們談到群眾智慧與醫療照護的未來發展，聊得很有意思，接著他建議我們做個實驗。他說全球各大醫院面臨的最大挑戰之一是院內感染，每年光在美國即造成十萬名病患死亡，感染源主要是沒有定期洗手的醫護人員。

我們決定看一群非專家會提出何種解決方案，並跟一群專家提出的方案互相比較。我們列出一組尋求非專家意見的平臺（例如：臉書），再在LinkedIn找了一個由十二萬名專家組成的社團「醫護高層討論群」。我們總共把問題發布到十五個不同平臺，包括臉書、LinkedIn、Quora、TED Conversations與其他問答平臺。

我們的問題如下：

> 我需要大家的幫忙。
>
> 我名叫蓋博瑞・巴拉巴什，在以色列特拉維夫某間大學的附設大型醫院擔任執行長。院內感染每年在美國造成十萬人死亡，在全球各地亦然，是如今全球大小醫院所面臨數一數二的嚴峻挑戰，而罪魁禍首主要就是我們這些醫護人員，原因在於

院內感染主要來自醫護人員並未時常洗手並做好清潔。

洗手是降低院內感染風險的最重要方法，但事實是儘管每張病床附近都有抗菌洗手乳，太多醫生與護士仍未做到經常洗手，連尖端醫學中心的醫護人員也做不到。

由於不可能每次與病人接觸皆予記錄，懲戒措施難以實行。用電子系統（無線射頻辨識系統）監控是個替代方案，卻太過昂貴與複雜，無法應用於大型醫院。因此我需要諸位的幫忙，希望有人能提出別具創意的解決方案，例如：設法改變醫護人員的行為，促使他們在查看病患前後皆妥善洗手。

還請大家不吝提供點子，一個簡單點子就能拯救許多寶貴生命。

接下來幾天，我們收到三百一十八個有用點子，其中九十三個來自醫療專家，二百二十五個來自一般大眾。我們小心檢視各個點子，區分為醫護人員訓練、公眾意識宣傳、懲戒與獎勵等許多類別，然後計算各分類的點子數目。其中一個點子令我們驚豔。醫院用肥皂都有一股消毒味，那個建議是選用不同香味的肥皂來促進使用率——還真不賴。

我們發現一般大眾與醫療專家看重的方案類別一模一樣，雙方都最重視醫護人員的教育訓練，其次重視病患的教育，原因在於病患會間接影響醫護人員。

雖然這次實驗並未立即拯救十萬人的性命，但確實顯示**一般大眾能了解醫護難題，並跟專家提出相同見解**。這也再次反映醫療方面的典範轉移，**專家有智慧，非專家則有群眾智慧**，蛋白質解構遊戲 Foldit 與醫療討論平臺 CrowdMed 都展現集思廣益的驚人潛能。

群眾彌補醫師的不足，照亮無限可能

我的岳母莎拉實在是個很棒的女性。可惜六年前，她診斷出癌症。醫生盡量採取當時最好的療法，但一年後他們帶來可怕的壞消息，那就是治療無效，最後辦法只剩從三種實驗性療法裡擇一採用。

我們完全不知從何選擇，痛哭很久，最後選定其中一種療法，然後做我們唯一能做的事情，也就是祈禱。

遺憾的是，那位美麗的女性，我們孩子的外婆，在兩個月後撒手人寰。

四年來，我常問自己當初是否還能做點別的什麼，任何事情都行，藉此挽回她的生命？

二〇一一年，自然出版集團（Nature）發表一篇介紹病友平臺PatientsLikeMe的研究。這個平臺供病患記錄與分享個人醫療資料，例如：血液檢測、用藥、症狀與感受等。數十萬名病患公開個人醫療資訊，藉以幫助其他病友下醫療決定。

他們沒有收錢，只是靠群眾智慧彼此互助。

我知道如果岳母至今依然健在，我會上這個網站替她搜尋最佳療法，查明那三種療法的優劣，從面臨相同病症的病友口中聽取實際經驗。也許能救她一命的不是更好的藥物，不是更好的醫生，而是更好的智慧。

我想請你們每一位讀者都以嶄新的眼光看待醫療。群眾就在那裡提供智慧，彌補專業醫師的不足，以無數方式解救生命，解決醫療難題，替我們所以為的頑疾找出可行療法，在醫療領域照亮無限可能。

我把本章獻給岳母莎拉，也獻給無數靠群眾智慧撿回一命的人。我再次明白齊心協力遠勝單打獨鬥，其中蘊藏無窮希望。

Part 4

讓智慧共享
成為你的夢想教練

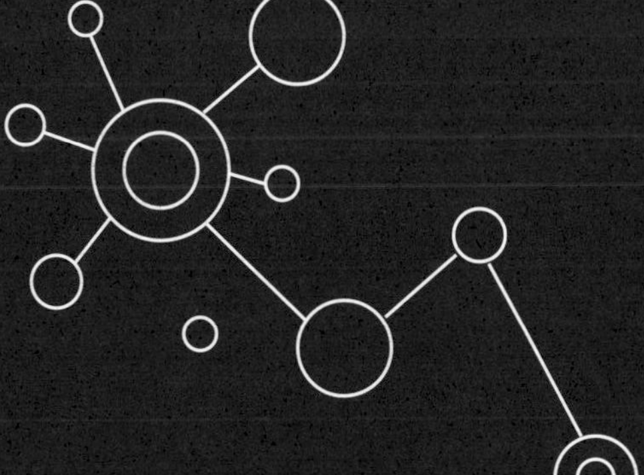

第 12 章

有夢，就找群眾一起追夢

一切來自中年危機。

二〇〇八年夏天，我剛慶祝完三十八歲生日，人生圓滿無比，我有人人稱羨的微軟工作，有很棒的妻子安雅拉，有瑪雅和奧里這兩個很棒的孩子，日子過得幸福愉快，每天就是面對科技業的繁重工作，撫養兩個年幼子女，好好陪伴家人。我的人生沒有多少波折冒險，剛從資工系畢業就到微軟上班，之後從未離開這份此生第一個全職工作。但人生就這樣了？難道我已經做完人生所有的重大決定，沒剩什麼好做，沒剩什麼好達成，沒剩什麼好追尋？

我開始想說自己快要跨過四十大關。如果你才剛滿三十八歲，我建議你別去想即將邁進四十歲這件事，或者你要去想也行，這取決於你多急著把舒舒服服的好日子變得面目全非。那天我想說我走了好遠，從當年膽小古怪的阿宅，走到今天這個境地，但接下來我開始追問：我已經做到四十歲以前希望達到的所有事情了嗎？我的面前還有什麼？我還能開創第二人生嗎？

我聽過快樂的祕訣在於有人能愛，有事能做，有未來能期待。現在我有人能愛了，也有事能做了，但我對未來有什麼期待？我有什麼夢想？

我想到以前有個夢想是取得博士學位，心臟開始撲通猛跳，而這是我該做某件事的徵兆。有些人會聽到鈴聲，有些人會開始流汗，我則是會心跳加速。

你有什麼讓自己怦然心跳的祕密夢想？

我花兩年想著這個夢想，跟妻子、朋友與同事討論，最後決定離開微軟，攻讀教育學博士，以群眾智慧為研究與論文主題。一切在我四十歲生日之前完成，讓我揮別中年危機。

正好在這段期間，我聽到以色列要首次舉辦 TEDx 演講。這系列演講辦在二〇〇九年，由當地單位自行規劃類似 TED 的實驗性演講。我一聽到消息就認為，絕對要去聽聽看特拉維夫的頂尖人物有哪些精采想法。

我怎麼知道？因為心跳再次加速。我一定得去。

門票只有數百張，卻有數千民眾爭搶。我知道要主動靠創意來獲取門票。當時我跟好友尤許．塔古里（Yosi Taguri）有個關於科技新聞與新知的影音部落格，我決定向主辦單位聯絡，說我們打算在部落格報導這次的演講活動。意外的是，對方接受了，塔古里和我可以參加特拉維夫 TEDx 演講。

整個演講活動十分精采。每位講者最多只講十八分鐘。我大受啟發，整天心臟撲通猛跳，而且心想未來有一天我也要成為TEDx的講者，甚至成為TED的講者。我看見自己的身影，也許五年後，也許十年後，我要站在TED演講的講臺上。這是個很瘋狂的夢想，但在我取得博士學位以後，或許能跟世界分享我的研究與點子。

中場休息時間，塔古里和我著手替影音部落格錄製新影片，我一時興起，突然把夢想告訴了塔古里。先前我從來沒把任何夢想告訴別人，更別提公諸於世，甚至不確定以前我是否有過什麼遠大夢想。我在成長階段希望交到朋友，接著希望進入大學，接著希望找到願意跟我結婚的對象，接著想有孩子，想有一份能好好養家的工作。這些夢想都很實際，不過是長大成家的待做事項，但我好像不曾做過瘋狂的大夢，不曾想做轟轟烈烈的大事。在塔古里和我替精采的TEDx演講錄製影片之際，我覺得自己充滿無限可能與希望，想做什麼都辦得到，而我最想做的就是在TED演講上闡述智慧共享的力量。

我猶豫片刻，如果你跟朋友或家人分享過夢想就會明白這份猶豫之情。這讓人害怕，你就像是站在高高的跳水臺頂端，很想縱身一躍，卻又怕得要死。時間變得緩慢。就在我打算在鏡頭前把夢想跟塔古里脫口說出之前的那幾秒鐘，我心想：他一定會哈哈大笑，覺得我瘋了，而我會一輩子後悔。

但我還是縱身一躍。

「尤許，我有個夢想，那就是成為TED的講者。不會在一、兩年內實現，但當終於實現之際，我會播放現在這支影片。這時候的我們還年輕，這個夢想正在成形。」（你可以上Google用英文輸入「李爾．羅瑞夫有一個夢」（Lior Zoref I have a dream），就可以找到影片。）

塔古里笑了，然後生氣了，大聲打斷我說：「才不會有人找你上TED演講咧！你中樂透頭獎的機率還比較高。」

我非常受傷與失望。我試著朝他跟鏡頭擠出笑容，卻辦不到。回家以後，我試著忘掉這段插曲，也忘掉這個夢想。我想塔古里大概是對的。我才剛開始攻讀博士學位，還有很長一段路要走，根本沒沒無聞，沒發表過重要論文，中樂透頭獎的機率大概比當上TED的講者來得高。

幾天後，我們錄的那支影片發上部落格，大家都看得到我分享想成為TED講者的祕密夢想。我的朋友看到了，我的家人看到了，還有很多陌生網友也看到了。我竟然會在鏡頭前吐露夢想，這實在尷尬，甚至有些丟臉。這是我第一次把夢想公諸於世，而我非常後悔。

接下來，一件出乎意料的驚人事情發生了。我的社群人脈，我的群眾，紛紛站在我這邊，一起告訴我說：「李爾，我們很了解你，所以我們知道這是個很好的夢想，並且認為你夠格上TED演講。我們會助你一臂之力。」

我的社群人脈決定助我實現夢想。

幾乎每天都有人從臉書私訊我，或者在塗鴉牆上留言，有些是提醒我要實現夢想，有些是建議我該怎麼做。這是個奇怪情形，我無法把夢想拋諸腦後，因為身旁圍繞著的大家都說我該好好追夢，他們也願意提供協助。

幾週後，某個只跟我在現實世界見過一次的臉友出現在塗鴉牆，貼上TED演講首次徵求新講者的連結。這個臉友名叫瑪雅．依赫拉李法菲（Maya Elhalal-Levavi），她在連結後面附上一句話：「李爾，這是你夢寐以求的好機會！」

我感到困惑不已。為什麼好麻吉塔古里沒有支持我追夢，反而是這個只有一面之緣的臉友大力支持我？這關乎我在前言部分提到的弱連結。弱連結形同通往新資訊、新團體與新經驗的橋梁。我逐漸學到一件事，那就是**社群人脈大多屬於弱連結，具備不可或缺的寶貴價值。親朋好友也許愛我們，但正是因為他們愛我們，正是因為他們很習慣我們原本所扮演的角色，他們往往無法看見我們有可能做出改變，有可能改頭換面。相較之下，群眾不受愛所限制，只看見我們具備的可能性。**

依赫拉李法菲看見我的可能性，進而讓我也看見自己的可能性。我點開她貼的連結，詳讀ＴＥＤ演講的試鏡須知。

試鏡地點在紐約，有意參加者只需以一分鐘短片說明自己的「精采點子」，寄給主辦單位審核。

我沒有任何試鏡經驗，現在追夢尚嫌太早；影片拍攝時間只剩兩週，要把點子濃縮進一分鐘十分困難；而且現在是踰越節，多數人都在放假，我完全不知道該怎麼拍出影片。

簡言之，我有一百萬個不要追夢的理由，有一百萬分的恐懼。

而我要追夢只有一個理由。

那就是我的群眾。

如果他們相信我，我必須相信我自己。

我在臉書發文詢問是否誰有大禮堂可供我錄製影片。這是個測試。如果沒人有，可見時機未到，我先磨練個十年再試吧。

結果有人說能幫忙。我們約好碰面，著手錄製影片。

那天放假，學生不必上課。我老婆支持我追夢，叫我儘管去錄，前提是要把我們三歲的兒子奧里一起帶去。

現在，我有了一個新麻煩。奧里對機器很感興趣，有成為科技宅的潛能，跟他老爸一樣，所以當他看到我把攝影機架起來，他絕對會想東摸西摸，拆開來再組回去。

這還不是最糟的狀況呢。

經過幾次糟糕的開場與失敗以後，我說明將如何靠臉書與推特上的朋友完成第一場有關群眾外包的TED演講。這場有關群眾外包的演講要由群眾促成。真是好點子。

謝天謝地，就在奧里吃完點心之際，我也剛好拍完。我把影片跟報名表一併交出，然後盡量忘掉整件事，重返日常生活。我忐忑不安，害怕不已，認定他們會把我刷掉，然後我會對自己的好高騖遠感到丟臉。畢竟我到底算哪根蔥啊？

幾週後，我跟幾個好友聚餐，席間拿出智慧型手機，竟然看到TED寄來一封郵件。我再次心臟發狂猛跳，立刻走到外頭，才能獨自讀信，私下處理失望之情。

我把第一行讀了兩次才會意過來。

恭喜您中選了。

我必須在不到兩週以後赴紐約參加特別試鏡。這下子，我朝登上TED講臺的夢想邁進了一大步。

我走回屋裡跟老婆與好友說：「你們絕對無法相信我剛收到TED寄來怎樣的信。」

我看著老婆，她面帶微笑但摟著肚子。她正在懷第三胎，已經九個月了，隨時可能臨盆，我無法拋下她跑去紐約。

然而我又棒又貼心的老婆深呼吸一口氣，告訴我說：「李爾，這是你的夢想，所以就去做吧，只是動作要快，跳上飛機去紐約，參加試鏡，然後跳上飛機回家，我跟小寶寶會等你。」我說這樣很不負責任，而且有些事情不受人控制，她無法決定等到什麼時候才臨盆，但她堅持我必須追夢。

這是我愛她的許多理由之一。

我也明白我得把這個消息分享給臉書、推特和部落格上的朋友，要不是有他們的回應與支持，不會有這種驚人成果，而且他們還一路支持我走的每一步。試鏡前的期間，我壓力很大，為試鏡表現緊張，也擔心老婆會臨盆。她子宮收縮時，我差點取消機票，但她上網查到說只要喝一大堆水就能阻止收縮，堅稱這樣必定有效。

我登上飛機，這輩子從未如此緊張。我不想錯過孩子出生的時刻，不知道初次試鏡要幹麼，而且眼前不得不面對兩條路：我要不美夢成真，要不敗得悽慘。

這兩種結果同樣令我害怕。

飛機降落了，我立刻前往試鏡地點。美輪美奐的會場裡有大約兩百名競爭者，觀眾感到舒服溫暖，我則感到恐懼害怕。

我打算靠笑話開場，要是引來哄堂大笑就繼續留在臺上，要是全場鴉雀無聲就衝下臺趕赴機場。最後，主持人介紹我出場，我帶著臉上的汗珠，用著顫抖的聲音，開口了。

「我很高興能來到這裡，但不只是為了這次試鏡……我太太即將生下小寶寶，隨時有可能，也許就在這一刻。她堅持我一定要從特拉維夫搭十一小時的飛機來到這裡，花幾小時追尋夢想。如果今天我成功了，搞不好我們會把這個兒子取名為泰德（TED）。」

觀眾哈哈大笑，於是我留在臺上，講起智慧共享的點子。我請觀眾想一下我該以怎樣的一句話替演講作結，並用推特把建議傳給我。我朋友伊蘭．吉分（Eran Gefen）坐在觀眾席上，用 iPad 檢視各個建議，從現場的智慧共享裡找出黃金。演講尾聲，他把 iPad 交給我，上面是由觀眾安雅．雪琵兒（Aya Shapir）所提供的結尾句子。我深呼吸一口氣，以她的句子結束這場試鏡演講：

「偉大的心靈會有志一同，聰明的心靈會集思廣益。」

我衝向機場，趕回家裡，幾天後，我們的第三個孩子出生了。我們替他取名為泰德．羅瑞夫。

（想知道我參加這場試鏡的詳細經過，請上：mindsharing.info/ted。）

大家跟你一起做夢

我接獲二〇一二年擔任TED講者的正式通知，演講地點在加州的長堤市，於是我興沖沖的上社群網站跟大家分享。這不只是我的夢想，也是我們的夢想。我只有幾個月替這場生命中最重要的演講做準備，而我的社群人脈有很大迴響，數千人紛紛恭喜我，直說很樂意幫忙。他們傳達的訊息清晰響亮。

我並不孤單。

群眾先前激勵我去追夢，現在則以全新方式做我的後盾。我的強連結與弱連結一起鼓勵我。你不妨想像在人生路上有一群人跟著你，你每跨出一步，都獲得掌聲，都獲得鼓勵，這就是同樣的感覺。

這種感覺很棒。**群眾使我跨出舒適圈，衝破恐懼，讓我撐過重重恐懼與自我質疑**，這就是最棒的社群人脈，我稱為「**群眾追夢**」（Crowd Dreaming）。當你信任大家，讓大家跟你一起做夢，沒有什麼是辦不到的。

我從零開始替TED演講做準備，完全從零開始。我打開空白的投影片，懷著一個點子──藉助群眾的力量，我們能把思維與人生升級。就是如此。這還不夠撐過十二分鐘的演講時間。

我必須把這個想法轉換為完整的演講，講得鏗鏘有力，但我該怎麼挑出最棒的演講內容呢？我最主要想傳達的訊息是什麼呢？我該怎麼發自內心把智慧共享的力量具體傳達出來？我有很多問題，不知從何著手。

我決定言行一致，尋求社群人脈的協助。我在部落格發文說自己既興奮又害怕，希望每個人都能跟我一起構築首場有關智慧共享的TED演講。我也把這篇文章分享到所有社群網站的帳號上。如同先前所言，我最初問的幾個問題當中包括該如何妥善解釋群眾智慧並加以呈現，接著我左挑右選，選出請牛上臺的點子。這個點子很棒，而且是我首次靠智慧共享找出的創意點子。大家幫忙了我，現在換我自己面對挑戰。

準確來說，是面對請牛上臺的挑戰。

我在前言分享過，當時我問主辦單位能否請牛上臺。原本我認為這點子太瘋狂，但大家紛紛鼓勵，給我信心，我才決定大膽提問，雖然暗自擔心主辦單位會因此決定根本不要找我演講。

外界普遍稱以色列為「創業之國」。很多以色列人獨具創意，新創公司如雨後春筍不斷出現。每當我遇到企業家，我總問說新創公司或企業的首要成功之道是什麼？他們一致的答案是「勇氣」，也就是以色列語中的「**chutzpah**」。當你有勇氣，你往往能跨出慣常窠臼，追尋更高目標。正是因此，我才想在冰淇淋店向那兩個小女孩插嘴，我的群眾才堅持我要詢問能否請牛上臺。勇氣讓人向新點子打開心胸與腦袋。

我不斷與社群人脈集思廣益，一步一步建構演講：有哪些有趣故事？投影片該怎麼設計？我要繳交怎樣的個人照片給主辦單位？我就是這樣才得到一個好點子，

▲作者的海報出自社群人脈的創意。

也就是不只要放自己的照片，還要把助我築夢的大家一起放進來。上方這張海報不是出自我的創意，而是出自大家的創意（攝影者是我社群人脈的其中一員梅爾．品特〔Meir Pinto〕）。

這不只是很有創意的好點子，還能順便感謝大家一路上給我的鼓勵與建議。這是我經營社群人脈並表達感謝的重要方式。

大家還在 Youtube 看我的排練影片，針對臺風、口語表達、有趣程度與觀眾掌握度等提供建議與指教。過程很有趣，我的恐懼與缺點暴露無遺，但重點就在這邊。

我在要前往加州長堤市（Long Beach）時感到虛弱無力，彷彿在拍電影。這一切是真的嗎？我跟大家這麼快就一起追夢成功？真有可能？難道群眾智慧比我所研究與想像的更具威力？

兩個經驗老到的TED講者朝我走過來，看見我有多緊張。我的緊張情緒一覽無遺，全長島（Long Island）都聽得到我牙關打顫的聲響。他們一男一女，都想幫我的忙，男的開口說：「李爾，我懂你的感受。」

「真的？真高興聽你這麼說。」我回答。

「你覺得自己像是塞在大砲裡，有人馬上就要點火。」

「就是這樣。」我說。這個比喻非常貼切。

接著換那女的說：「李爾，我懂你的感受。」

「怎樣的感受？」我說，急著想知道她會不會也用大砲的比喻。

「你覺得自己要迎向人生最美妙的一次高潮！」

在長堤市的每個晚上，我睡覺前都花時間讀訊息，看跟我一起踏上這趟旅程的大家說了些什麼。我離TED演講只剩一步之遙，但他們仍在身邊支持我，鼓勵我走好最後一步。

李爾，時間正朝演講時刻分分秒秒流逝，大家的熟悉臉龐點點滴滴模糊，我希望你明白你並不孤單，你背後有一群人以你的這趟旅程為榮。我在此祝你順利，相信大家也是如此。還有，要玩得開心啊，這是屬於你的時刻，願原力與你同在。

哈哈，我的群眾很多都是經典名片《星際大戰》（*Star Wars*）的影迷（譯注：「願原力與你同在」是《星際大戰》的經典臺詞），就是這樣囉。

另一則貼文點出我跟大家有多關係密切：

這幾天，我有一個關於群眾智慧的新領悟，那就是這不只關乎智慧，也關乎一個共同的命運，把我們統統牽繫在一起。我恍然大悟時冒出一陣雞皮疙瘩，而現在我迫不及待要知道你演講後的感想！祝好運！

另一則貼文也幫助我在上臺時不再感到此生最強烈的孤獨感。

> 你能懷抱夢想真是很棒，但你把追夢過程與大家分享更是難得，大大激勵了我！請繼續跟我們分享，因為這是大家所需要的。謝謝你。

在我撰寫本書之際，我們還在等TED主辦單位公開我的演講影片。但願你也能看見我的緊張與榮耀，看見我身後的大家。當社群人脈跟你一起追夢，你去哪裡，他們跟到哪裡，穿越汪洋，穿越時區，永遠都在身旁。你獲得成功，他們也獲得成功；他們受到激勵，你也受到激勵。這清楚證明我們是如此緊密相繫，憑社群人脈來追夢是如此簡簡單單。

當你懷抱熱忱面對夢想、人生抉擇或嶄新職涯，大家會看見你的熱忱，進而深受感染。別具意義的人際關係並不僅限於最親的家人好友，而是能出現於最薄弱遙遠的兩人之間。我們的社群人脈在過去也許與我們不夠熟，卻能與我們攜手共創未來，因此任何夢想都可能成真。如前所述，身邊最親密的親友反而往往有盲點，局限於我們的既有成就，看不見我們的未來發展，但群眾則能看見我們的可能性，更能與我們一起追夢。群眾追夢關乎展現誠心與脆弱面，你要站在跳水臺高高的頂端，深呼吸，雖然害怕，仍硬著頭皮跳下去。

你有什麼祕密夢想？什麼壯舉能讓你光是想到就心跳加速與聲音顫抖？你對此生有什麼想像？現在拿起所有恐懼、所有懷疑、所有藉口、所有理由，統統交給你的群眾。

如果你正在高高的跳水臺頂，深呼吸跳下去就對了。無論是優雅入水或四腳朝天都不重要，群眾總會替你加油打氣。有時失敗在所難免，但即使失敗了，群眾會在那裡安慰你、激勵你，幫助你重整旗鼓。而當群眾與你同在，任何夢想都可能實現。

本章描述了社群人脈如何協助我實現夢想，下一章則會說明你該如何發現夢想，又該如何靠社群人脈築夢成真。

第 13 章

一起思考，一起創造，讓夢想進化

當我（稍微）從TED演講的興奮平復以後，我忽然對構成美夢的祕密要素起了興趣。起初我搜尋研究論文，發現很多研究在探討睡著以後做的夢，卻幾乎沒有研究在探討清醒之際做的夢。

搜尋引擎（甚至學術搜尋引擎）秀出數千筆論文結果卻毫無幫助時，我向來會做一件事，這次當然也不例外——去找我的社群人脈。我問大家說：「你們會怎麼定義夢想？你們認為人生大夢的祕密要素是什麼？」

大家給的答案如下：

- 人生大夢是有挑戰性的具體目標，你很渴望在未來能加以實現。
- 人生大夢必須具體明確，定義清楚，例如：「開心過日子」或「事業很成功」都不夠具體。
- 一個好的人生夢想必須容易衡量，你能知道何時已經確實實現。
- 人生夢想該有挑戰性，很難達成，而且略顯瘋狂。
- 人生夢想不只對你有價值，也對別人有價值，憑個人才智滿足周遭世界的需求。

• 人生大夢既要讓你躍躍欲試，也要讓你忐忑不安，雖然逼你跨出舒適圈，卻也深植於你的熱情與才智當中。

• 當你想到追逐夢想之際，你該感到深深的快樂與大大的滿足。

• 那必須是你自己的夢想，而不是別人的夢想；該是你對自己的期望，而不是別人對你的期望。

大家很有智慧，講得很好。夢想不會消失，只要你聽見一個聲音說：「有一天，我要……」或「我希望我能……」，種子已然播下，就等待適當時機與刺激以生根發芽。

你有什麼夢想呢？這些夢想也許顯得太過遠大、太過瘋狂、太過渺茫——但它們依然在你心中，靜候時機冒出心頭。

靠智慧共享找出夢想，再靠社群人脈實現

我讀中學時，夢想是考上全球首屈一指的以色列理工學院（Technion）。我的天分不是最高，成績也不是最高，但心頭仍懷抱這個夢想。某天，我坐在教室裡，決定把這個夢想告訴恰巧在以色列理工學院念書的代課老師。

我在全班面前告訴他說：「我的夢想是考上以色列理工學院，你覺得我該怎麼做才能實現夢想？」這般大聲說出夢想需要勇氣與展現脆弱面。

然而他看著我說：「那不是你上得了的學校，你絕對考不上！」

你可以想像我有多尷尬丟臉，但即使我當著全班的面慘遭徹底否定，仍不願放棄夢想。經過幾年苦讀，我成功進入以色列理工學院，不只拿到大學文憑，還取得碩士學位，而且是以優等成績畢業。我想把畢業證書寄給那個老師，但從來沒有付諸實行，也許我會把這本書寄給他做為代替。我在母校以色列理工學院演講時，當場做了一個很有趣的智慧共享實驗，如果你有興趣觀看，請上：mindsharing.info/technion。

所以當我們不被看好時，該怎麼緊緊守住夢想？該怎麼堅持不懈？畢竟許多人都會半途而廢，世上到處是並未實現的夢想。要是我十歲時有臉書，也許會跟臉友分享夢想，獲得那天在學校並未得到的支持。

如果你想真的了解一個人，就問他們有什麼夢想，有什麼事情縈繞心頭卻不敢大聲說出，有什麼壯舉是不容失敗務求達成。

此外，也拿這個問題來問自己。

接著跟你的群眾分享。

如果你有夢想，而且在社群網站上有一大群朋友與追蹤者，那麼你已經有一個支持你實現夢想的團隊了。如果你不知道自己有什麼夢想——請大家協助你找出來吧。靠智慧共享找出夢想，再靠社群人脈實現夢想。

▲作者中學時期的照片，當時他 14 歲。

社群人脈是夢想的後盾

這是我讀中學的照片，那年我十四歲。在我們那個地區，只有這間中學開設程式設計專門課程，因此我知道這是唯一適合我的學校。

這樣講你也許會訝異，但我在學校不太受歡迎，過得不太順利。當時科技宅一點也不酷，反而很遜，我幾乎沒有朋友，花好幾年才明白多數老師對我都不看好。我只在程式設計表現亮眼，其餘科目表現中下，覺得自己真是糟糕。

最近那間中學的校長打電話給我，我立刻感覺像是被叫去校長室的小孩，不確定自己犯下什麼錯，心臟撲通猛跳，彷彿麻煩大了。無論你年紀多大，都不會想接到校長的來電。

幸好我沒有做錯任何事情，她只是想邀我回去跟一群十四歲學生演講。我接受邀約，很興奮能回母校，藉此抹除十幾歲時的痛苦記憶。

那群孩子很讚。演講過後，我在臉書發文說：

我剛回中學母校跟一群學生做分享。我跟他們說中學對我來說很難讀，當時我自認不怎麼聰明，老師不怎麼喜歡我，同學覺得我怪怪的。

在我演講到一半，一個男同學舉手問我說，既然我在這裡超痛苦，幹麼還要回來？我告訴他說：「我來這裡不只要談群眾智慧，還要分享些我在你們這個年紀時沒人告訴過我的話。如果有誰讓你覺得自己不夠優秀或不夠聰明，別理他們就對了。事實上，你們都有無限可能。」

基本上，我是把我希望當年有人對我說的話講給那個男同學聽。我跟他說的那番話，是我把夢想告訴塔古里時所希望聽到的；我跟他說的那番話，是我把想登上TED講臺的夢想公布在社群網站時，大家所告訴我的。

那次演講後，我收到其中一個女同學的電子郵件。她同意我把郵件內容跟我的群眾分享。

李爾先生，你好：

昨天我聽了你的演講。當你問我們有沒有夢想的時候，我想說出我的夢想，卻很害怕大家的反應。

我朋友分享的夢想都很「平凡」，像是做醫師或律師，諸如此類，只要有文憑幾乎都能做的職業，他們只要花時間與精神在學校好好讀書就能實現夢想。

但我的夢想更難實現，而且不是我想要就能實現。

從很小的時候開始，我一直想走音樂這條路，始終喜歡唱歌、演奏與作曲。我從十二歲開始，每週上一次演唱的課程，至於鋼琴則是從八歲彈到現在。去年我卻發現這個夢想不會實現，因為我不太可能在音樂界嶄露頭角。

身邊的人都不太支持我，不看好我能以音樂為業。

我傷心欲絕，原本已經放棄了這個夢想。然而昨天聽完你的演講，我發覺要是不繼續追尋這個夢想，我的未來會很黯淡洩氣，甚至也許會平白浪費掉。

我決定不放棄夢想，要努力到實現的那一天。

很謝謝你替我們講了一場這麼精采的演講。你的故事激勵我絕不放棄夢想，別管身邊的人怎麼說三道四。

謝謝你！

雅耶（化名）

我知道我的群眾會鼓勵與支持我追求任何夢想，而如果我把她這封郵件分享出來，大家也會鼓勵與支持她。我把她的信跟這句話一起貼出來：

如果有誰想鼓勵她或提供實用建議，歡迎留言，我想她一定會看到你們的回覆……

當你讓社群人脈與夢想相遇，神奇事情就會發生。一如預期，大家紛紛留言。我從中挑選幾則列出來：

- 聰明人有個特點，那就是他們在平凡人的眼中顯得瘋狂。
- 我是個爵士舞者兼鋼琴老師，跟這圈子裡很多人共事。我的電子信箱如下，歡迎來信，我會盡量幫忙。
- 幫我把籃壇巨星麥可．喬登（Michael Jordan）的這句話轉給她：「我的生涯中有九千多球沒進，輸掉將近三百場比賽，二十六次背負厚望執行最後一擊卻落空，這輩子一次又一次面臨失敗，而這正是我成功的原因。」
- 雅耶，我在塔瑪葉林中學（Talma Yalin high school）教爵士樂與搖滾樂，前前後後教出三千名學生。在音樂界要成功不會比在其他領域難。
- 親愛的，妳家人只是想保護妳免於失望沮喪，但他們不曉得要是妳沒有做自己想做的事情，妳每分每秒都會失望沮喪。重點在於妳相信什麼，是相信他們，還是相信自己？福特汽車創辦人亨利．福特（Henry Ford）說：「無論你自認辦得到或辦不到，你的認知都是對的。」

生命中有些時刻，我們需要有一群人在背後支持，加油喝采，提供建議，叫我們儘管去做瘋狂的夢。當我們跟社群人脈分享夢想，他們會成為最大的後盾。

不只現實夢想，更讓夢想進化

我從TED演講回來以後，許多人問我的下一個夢想是什麼，我反問說：「你覺得我的下一個夢想該是什麼？」在他們發問之前，我沒想過這個問題，只依然驚嘆於社群人脈竟然讓我這麼快就實現第一個夢想。

接著我收到一個陌生人的電子郵件。

李爾，您好：

我很喜歡您今年的TED演講，內容精采動人，相當啟發人心。我是個出版暨傳媒經紀人，跟南非前總統尼爾遜．曼德拉（Nelson Mandela）、維京集團創辦人理察．布蘭森（Richard Branson）、腦神經權威丹尼爾．席格（Daniel Siegel）等許多願景家合作出書，一心讓世界變得更聰明、更健康與更正義。我認為智慧共享在未來十分重要，而您介紹得既簡單易懂，又精采萬分。

我想請問您是否有興趣把演講中的諸多主題加以擴充，寫書出版。我讀過《維基經濟學》（*Wikinomics*），也很熟郝傑夫的《玩家外包》（*Crowdsourcing*），但很樂見其他著作出版，其他更有些真心與靈魂的著作，就像你的演講那樣。

若有興趣，敬請跟我連絡。

祝好運！

唐恩（Dong）

我把信讀完，心想說：出書？有人想請我出書？我檢查這封郵件是否寄錯人了。

就是這麼快——我的新夢想誕生了。

這個夢想叫做《智慧共享的社群人脈學》。

我不清楚別人怎麼寫書，但我有一群人陪我追夢，所以知道該怎麼做。我找上我的群眾，請大家跟我一起寫書。

一旦我這麼做，所有恐懼（呃，至少大部分的恐懼）煙消雲散。幾千個熱心的朋友與追蹤者樂於助我實現寫書之夢。寫這本書的過程，很像是準備TED演講的過程，只是費時得多，也牽涉更多集思廣益。

大家協助我找出故事，修改文句，並且克服挑戰。有沒有遇到寫作瓶頸？有啊！但大家紛紛鼓勵我。此外，大家也協助我重新定義最初的夢想，讓我看見這個夢想是如何進化。TED演講只是整個大夢的一小部分，我的夢想不只是站在長堤市的那個講臺，而是教導人們、啟發人們，還有連繫人們。

我兒時首次登入管理系統與BBS時，連繫人們的夢想就已萌芽。我十幾歲賣電腦軟體時，它在那裡；我在微軟靠行銷接觸顧客，並讓他們接觸產品時，它在那裡。

我的夢想是成為老師，至於我是站在教室、講臺或書裡則不重要。我的夢想是讓大家體認到，只要我們彼此連繫，一起思考、一起創造，就能產生強大力量。群眾讓我發覺我有一連串夢想，而且能靠智慧共享一個接一個加以實現。

我們會進化，我們的夢想也會進化，從而讓我們繼續進化。這是過活與追夢的最佳方式。

我的下一個夢想是什麼？此時此刻，我的夢想是你能受到啟發，找出兒時夢想，在社群網站跟大家分享。如果本書激勵你去追夢，歡迎上 mindsharing.info/dream 分享，並欣賞其他讀者的追夢故事。

第 14 章

群眾指導，
幫你圓夢的推力

想像你是籃球選手，現在是總冠軍賽的最後一刻，你們球隊落後兩分，教練喊出暫停，教隊員如何部署。他指定你以三分球做最後一擊，接著說他相信你，這是你拚搏整個球季的目標，你跟全隊即將榮耀發光。暫停時間結束，你跑回場上，觀眾加油叫喊，猛跺地板，展現出對你的信心。觀眾的力量讓你充滿能量與幹勁，你投出三分球，進了，比賽結束，你們贏得了總冠軍。

現在想像這就是你的日常生活，一群教練指導你面對人生裡的重大比賽，而且永遠相信你。想像一整座體育館塞滿你的觀眾，每當你面對人生的重要射籃時刻，他們都大聲加油，無論最後你是成是敗。這樣想一開始也許嚇人，畢竟有些人對一大群觀眾有不好的記憶，要當眾表現會引起對失敗與丟臉的擔憂，要暴露脆弱面也很不自在。我們可以同時既愛別人，也怕他們。別人有能力傷害我們，而群眾是由一大群別人所組成。然而請記住麥可．喬登的那句話，他有九千多球沒進，輸掉將近三百場比賽，二十六次最後一擊失利，一次又一次面臨失敗，但仍有一群觀眾支持他一步一步往前邁進。

當你敢於借助群眾之力追逐夢想，他們會不斷鞭策你，我則喜歡稱這為「群眾激勵」（crowd cheering）。

在我坐下來撰寫本書最後一章之際，我盯著電腦螢幕，卻無法把任何故事或點子打上去。我可能就這麼枯坐好幾個小時，整天下來一字未寫，隔天再試，後天再試，但仍一片空白。

那時我開始恐慌。我可能永遠無法截稿，這本書永遠無法出版。恐懼淹沒我，我難以成眠，焦慮不安。

這不只是寫作瓶頸，根本是創意瓶頸。日子流逝，交稿時間過去，我知道該做出改變，很大的改變。

我去找我的群眾，坦承我們一起做的這場夢碰到障礙，我陷入其中，滿心害怕，簡直不知所措。

我收到幾百個點子與建議，還收到難以置信的無數鼓勵。我也許懷疑自己了，創意枯竭了，但群眾仍相信我，而且擁有我所需的創意。

有個人分享英國演員約翰·克里斯（John Cleese）一支有關創意的影片，不僅甚具啟發，還逗得我大笑；好幾個人邀請我到他們的家裡或工作室寫書；有個人提醒說創意不像車鑰匙，不會遺失不見；許許多多人提醒說他們正在等我出書，知道我不會讓他們失望。

然而我不只收到鼓勵話語，還從群眾智慧裡獲得實際建議。最多人提出的建議是我該離開書房，在外頭其他地方寫書。他們說我不該枯坐在本來寫信、寄單據與排會議的老地方，而是出去找個能激發靈感的新地點。有些建議我去森林，有些建議我去山上，但最多人建議我去海邊。

我正面對總冠軍賽，比賽即將結束，大家替我擬定戰術：拿起筆電，在特拉維夫找一片海灘，好好欣賞夕陽，重新開始寫下去。

這是你榮耀發光的時刻。

這是你辛苦拚搏的目標。

我們會把球交給你。

由你射籃。

猜猜看，我正在哪裡寫出這行文字？我正在一間美麗的海濱咖啡店裡，大海湛藍，晴空萬里，冰咖啡香醇可口，而最棒的是，我從未如此文思泉湧。

我的群眾教我如何獲勝。
你的群眾也會如此。

數位推力，追夢的催化劑

在追夢過程，我面臨許多重要時刻，包括找出夢想、說出夢想、著手實現、面對障礙與克服失敗等，一路上群眾都扮演我的教練，告訴我何時要左移或右轉，要運用哪些戰術，要避免哪些錯誤。他們既指導我，也激勵我，往往兩者同時進行。「群眾指導」（crowd coaching）是個驚人現象。如前所述，群眾能發揮智慧，在職場與生活上助你一臂之力，但當群眾驅策你追夢的時候，感覺完全不同，他們會提供一種你憑自己根本不可能變出的驅策力。

這形同一種「數位推力」（digital push）。

這是從社群人脈產生的附加力量，形同追夢的催化劑。

我這輩子唯一一次感到類次的推力是在婚禮當天。結婚典禮上，我的另一半安雅拉正站在我身旁，數百位親朋好友圍繞著我們，全然愛護我們，相信我們，支持我們迎向往後的人生旅程。我們彷彿翱翔於天際。

彷彿一切都有可能。

數位推力就是這種感覺。你在社群網站跟大家分享夢想，而大家教你如何成功逐夢，這感覺跟婚禮當天一樣。

我想不到還有哪個時刻會這麼多人聚在一起，懷抱著對某個人的愛。只有結婚典禮與群眾指導是這樣。

把社群人脈當成人生教練，找出人生下一步

羅南・寇許勒（Ronen Koehler）做過兩個職業，時間都很長，表現都很棒。他先是在以色列海軍擔任潛水艇指揮官，後來在以色列數一數二成功的科技公司「檢

查哨軟體公司」（Check Point Software Technology）擔任副總裁。在邁入五十歲之際，他認為該是時候替職業生涯寫下新的一章。他已經準備好迎向改變，只是沒有方向。該轉任顧問嗎？或者也許換另一個管理職？他毫無頭緒。

這些年來，他在臉書與 LinkedIn 上的朋友達到數千名，有些真是朋友，有些只是點頭之交，有些則是點頭之交的朋友。他有尋求智慧共享的絕佳社群人脈：人數龐大、背景多元、各種智慧與力量供他取用。

他從來沒向社群人脈提出任何特別的問題，只是有加朋友而已，向來晾在那邊互動不多。

某天，他打給我，聲音有點怪，但不是「這傢伙快瘋了」的那種古怪，而是一種正面的不尋常語氣。原來他剛在臉書發了一則很特別的動態，觸及群眾追夢與群眾指導。

那則動態說他已經從檢查哨軟體公司退休，想尋求人生的下一個大挑戰，一件他能在往後十到十五年做的大事。接下來他做了一件我們很都難做到的事情——他坦承他不知道要做什麼，請大家提供協助：「請把你的點子與高見跟我分享，讓我知道職涯下一步該怎麼走？」

寇許勒剛下了人生裡的重大決定，而且讓社群網站上的大家看見，請大家指引他邁出下一大步。

我問他現在感覺如何。

他回答說：「我從沒想到這樣做的威力還真大。現在有這麼多人圍繞著我，他們知道我的過去表現，說著我多有天分，鼓勵我要懷抱遠大的夢想，鼓勵我要在下一個人生階段做件有挑戰性的事情。我原本想不到會有這種感覺，會有這麼正面。大家實在很關心我的選擇，很相信我能找到夢想，這讓我更努力想找到下一個夢想。」

有些人會找「人生教練」或「職涯顧問」協助他們找出人生的下一步，找出熱忱與目標所在，寇許勒則選擇把社群人脈當成人生教練。他收到許多從未想過的建議，甚至有人建議他從政。有些別具潛力的公司還請他擔任執行長。當超過一個人對你提出建議，會產生一股巨大力量，建議會從意見轉為智慧。

這是最棒的智慧共享。

先前寇許勒在最後那份工作期間，管理過將近三千名員工，很熟悉何謂指導與被指導。他把這次經驗比喻為「巨量指導」，不只他獲得許多點子與建議，社群網站上的大家也獲益良多，從他敢於改變與公開求助的做法得到啟發。群眾指導具有骨牌效應，這一刻你接受指導，下一刻換你加入指導團隊。

群眾安慰，消除恐懼

人人都有害怕的時候，有些人怕蜘蛛、有些人懼高、有些人害怕改變。幾年前，我女兒瑪雅問我能不能到她的學校演講，在教室裡替她的朋友們演講。我當然立刻答應，誰叫她是我女兒呢。然而接下來我立刻感到驚慌。我上過大大小小的講臺，在觀眾數千名的大場子演講過，也在小貓兩三隻的小場子演講過，但沒有在女兒跟她朋友面前演講過。

我立刻變回中學時代的古怪阿宅，或者說大學時代，或者說微軟時代。原先我自以為已經擺脫掉阿宅脾性，沒想到竟然故態復萌。在家裡，我是女兒的英雄，我不想讓她看見我這個樣子，萬一到時候我害她失望怎麼辦？甚至害她在朋友面前丟臉怎麼辦？那樣絕對不行，我真想知道演講當天該怎麼跟她請病假。

我跟臉友吐露這份恐懼。當我一這麼做，恐懼就失去威力。你也想像得到，我收到一堆鼓勵。大家協助我重拾信心，指導我勇敢面對，提醒說我不僅能演講得很精采，還能讓女兒跟自己獲得永生難忘的獨特經驗。

我有沒有提過瑪雅的朋友現在覺得她有世上最酷的老爸？

每當我害怕某個真實或想像的東西，我能找我的群眾，大家會指引我度過恐懼。當幾百人說你能辦到某件事，他們的聲音足以壓過恐懼，讓興奮與期待占據心頭。

有時我們懷抱夢想，有時則懷抱恐懼。追夢的最大障礙正是恐懼，對未知的恐懼，對失敗的恐懼，因此跨出舒適圈好好追夢才會如此困難。當你有大家當靠山，面對恐懼會更容易。大家會給你力量。

你想到追夢時在恐懼什麼？

你最大的恐懼是什麼？

當你感到恐懼，你可以花一大筆錢找心理治療師，可以聘請專屬的人生教練，也可以跟社群網站上的大家一起面對恐懼。沒有任何恐懼能贏過大家對你的信心。

別怕。試試看，你就懂了。

群眾激勵，助你克服困難

我很痛。

雖然我有慮病症（hypochondriasis，一種精神官能症，主要因精神壓力引起對健康的悲觀詮釋）傾向，但這一回我真的在痛，腹部始終發疼。我去看醫生，她替我檢查身體並抽血。經過百日咳那次挫敗之後，現在她格外小心，務求我接受到全面檢查。她知道我在網路上有「群眾醫師」。

檢查結果不太妙。醫生告訴我說：「李爾，你該改變生活方式了，你那副身體

▲作者參加特拉維夫馬拉松大賽。

跟五十歲的人沒兩樣了。你既不運動，垃圾食物又吃得太多，這樣不行，如果你想活得健康、長壽就要顧好自己。」

我很訝異。我才四十二歲，很喜歡目前不太花時間跟精力運動的生活方式，也很喜歡垃圾食物，畢竟誰有閒工夫搞什麼健康飲食啊？

但醫師的那番話嚇到了我。我這輩子還有很多事情要做，孩子又還小，所以我必須活得健康。我帶著誓言離開診間，決心改變生活方式。

我開始這輩子第一次節食，每天走路三十分鐘。幾個月過去，我變得更有精神與耐力，看得見成果，感覺很不賴。一年過去，我減掉十三公斤，跑完特拉維夫馬拉松大賽的十公里項目。

大家說我看起來像年輕版布萊德．彼特（Brad Pitt）。開玩笑的，但大家確實說我看起來年輕了十歲。

我貼出特拉維夫馬拉松大賽的照片，獲得一大堆正面迴響。這樣獲得打氣讚美與虛擬擁抱的感覺真不賴。

這時我才發覺我犯了一個大錯。我剛開始運動時覺得很艱苦，看不到變容易的希望，早知道我打從一開始就該告訴大家，一路獲得支持協助，讓整段路程變得輕鬆許多，不要等抵達終點才發文。

身旁大家的支持讓我們能克服困難。無論我們想減重、健康飲食、多做運動或戒掉某種癮頭，他人的支持都是一大關鍵助力，甚至經證實能減少生理疼痛。研究指出，參加互助團體的心肺疾病患者的疼痛程度比未參加者低二〇%，參加團體心理治療的乳癌患者的存活率比未參加者多兩倍。社會支持至關重要。實驗證明，當獲得所信任對象的心理支持，行為會改變，免疫能力提高，壓力程度降低，血壓也跟著減少。

網路上有許多互助社群。研究人員比較線上互助與實際聚會，發現兩者對病患的正面影響不相上下。十二步驟團體（譯注：戒酒治療或心理治療等所運用的團體治療模式）已經善用團體支持的益處長達數十年，影響遍及全球。

我們彼此扶持時會更加堅強，無論靠實際碰面或社群網站皆然。如同開頭所述，我們生來渴求彼此相繫，這是人類演化的結果。我們彼此療傷止痛，社群網站則提供一種嶄新模式。

這也是群眾指導的精神。

那麼為什麼我當初沒有一開始就跟大家分享消息？畢竟我可是「智慧共享先生」，連量體溫都能拍成影片分享到社群網站。原因在於我不敢把醫生講的話公布出來。我很害怕，很難為情，覺得太脆弱，因此沒有找群眾幫我克服恐懼，陪我朝健康生活努力邁進。

我們都會面臨掙扎挑戰，都有想要做或必須做的改變，都有缺乏幹勁或鬥志的日子，有時就是很想嗑掉一大堆甜甜圈，有時就是覺得非常軟弱無力。

這正是最需要群眾支持的時候。

迎接智慧共享對人生的衝擊

美國網路創業家傑夫．帕爾弗（Jeff Pulver）是我的朋友。好吧，帕爾弗有很多朋友，臉書上的朋友加追蹤者超過十二萬名，推特上的跟隨者超過五十萬名。他是個很親切的傢伙，每次我碰到他，都想給他一個大大的擁抱。

帕爾弗為體重所擾。二〇一二年初，他的體重是一百五十一公斤，每睡著一到兩個小時必定醒來。此外，他還碰到其他難纏的問題。

某天，他去潛水，卻塞不進潛水衣裡。他身體時常作痛，但自己默默承受。身為投資家的他，常跟許多專業人士與企業老闆碰面，某天，他寄信約一位女士，不是約會，只是一般的談生意，她卻誤以為他對她有意思，所以回信抱歉說她無法跟他約會，原因是他太肥了。

哎喲！帕爾弗覺得更痛了。

帕爾弗明白他該改頭換面。他找醫生詢問能否做胃繞道減肥手術，暗自希望醫生會說他還沒那麼糟，不必下猛藥，但醫生回答說這點子還不賴。

這時帕爾弗真正明白自己情況不妙，非常不妙。

有個朋友建議他「繞過胃繞道手術」，於是他試著改從運動下手，但拖著一百五十一公斤的龐大身軀實在不太能動。他開始每天運動五分鐘，卻每隔幾天才實行一次，而且運動完會吃一頓豐盛早餐。

帕爾弗買下四十一本有關健康與健身的書——整整四十一本耶！他讀了好幾本，決定加入健身俱樂部會員。他減掉七公斤，不算多，跟一百五十一公斤相比，根本微不足道，但至少是個好開始。他沒跟任何人透露減重計畫，只想暗自進行。

最後他向一個朋友坦承計畫，對方建議說：「把你的計畫公布在臉書跟推特吧，這樣你會逼自己別讓大家失望。」

他朋友講得很對，沒人會想讓五十萬人失望。

帕爾弗很害怕。這件事很私人，說出去會像光溜溜站在一大群人前面。不過這五十萬大軍既能鼓勵他，也能督促他。最後帕爾弗鼓足勇氣發出我不敢發的動態。

二〇一二年十月二十二日，帕爾弗在臉書坦承自己的艱難處境。他把這則動態稱為「沒有不可能——我的個人重開機」，花一個多小時編寫，還花更多勇氣才貼出去。

接下來他講起他的夢想，那就是至少減掉四十五公斤，練出肌肉，在今年一場由他主持的大型會議上單手做伏地挺身。

這是個勇敢目標與遠大夢想，但帕爾弗已經向臉友下了戰帖，大家也欣然接受，幾百個留言與私訊向他湧來。這時帕爾弗才明白社群網站不只能分享東西，還能獲取激勵。帕爾弗邀請大家陪他追夢，永遠得到數位推力。

帕爾弗說：「我得到的支持實在令我吃驚，我從來沒感受到這麼多的關愛與支持，威力太驚人了。先前我出席德州的西南偏南創業大會（SXSW Conference），《華爾街日報》（*The Wall Street Journal*）的評論家華特．莫斯伯格（Walt Mossberg）看到我就說：『傑夫，你目前進展不錯唷。』從那以後，我的發文更常提到個人生活，多過網路科技。」

▲美國網路創業家傑夫・帕爾弗靠社群人脈的力量從 151 公斤（左）減掉超過 50 公斤（右）。

帕爾弗正親自體會到社群人脈不可思議的神奇力量。

我問帕爾弗是否跟從未感受過群眾激勵的人分享過自身經驗，他給的答案很漂亮：「想像你參加長跑比賽，正跑過空蕩的道路，只有自己一個人。接下來想像你跟社群人脈分享，獲得大家的激勵，就像是在你跑步時路旁擠滿一大堆人，有你認識的，有你不認識的，他們拿著海報與標語替你加油打氣，路兩旁的人牆至少都有五層，大家統統支持你。只要你有社群人脈，永遠不會孤單。」

帕爾弗在一年內減掉超過五十公

斤，在會議上成功用單手做完伏地挺身。社群人脈不只助他實現夢想，還助他超越夢想。

最近我問他這個高超的科技業魔法師從本次經驗得到什麼最大啟示，他的回答令我至今時常玩味。

他回答說：「害怕很正常，但脆弱也許能成為你最大的力量，職場上如此，生活裡亦然。這說來容易做來難，卻是千真萬確的道理。你該抱持開放的心，把最害怕的事情在社群網站告訴大家，這需要真正的勇氣，但能帶來莫大的力量，永遠改變你的人生。」（帕爾弗在 TEDx 演講詳細談過這段經歷，有興趣觀看的話請上：mindsharing.info/pulver。）

在社群網站時代，脆弱也許能成為我們最大的力量。只要我們體認到大家都是緊緊相互依賴，進而擁抱徹底促成這種緊密連繫的社群科技——我們就什麼都辦得到。

我們能靠社群人脈面對職涯。

我們能靠社群人脈過好生活。

我們能靠社群人脈實現夢想。

我們能靠社群人脈開拓未來。

我們能攜手克服恐懼，面對挑戰，活出超乎原先想像的精采美好人生。

但別光聽我說而已。

也問你的社群人脈看看。

接下來請記住，我在站上TED演講之前得到的建議——每位TED講者都會得到這個值得散播的建議：「發出光芒——照亮美好，簡化複雜。說出故事。勇敢暴露你的靈魂、你的熱情、你的希望，還有你的恐懼。準備面臨衝擊吧，一群熱切專注的觀眾正在等你。」

當你演練智慧共享的藝術，實際探索社群人脈的潛力，請記住這個最終建議，準備好迎接智慧共享對你人生的衝擊。

群眾正在等你。

結語

智慧共享時代，社群比你想得還強大

那是一九八四年。

我懷著擔憂走出戲院，彷彿置身另一個世界，以懷疑目光打量周遭人群，心想萬一其中藏著機器人怎麼辦？誰是好機器人，誰又是壞機器人？萬一有終結者從未來送到這個時間點怎麼辦？當人類跟機器展開大戰，誰能拯救世界？

我知道答案，不禁滿心驕傲。雖然那時我才十四歲，世上還沒有筆電、網路或智慧型手機，卻對答案心知肚明：在未來，科技宅會拯救世界。

我只希望事情發生時，酷炫的機器人已經到處走來走去。

我很喜歡《魔鬼終結者》（*The Terminator*）第一集，迫不及待想見識未來是什麼光景。我至今記得我透過阿諾．史瓦辛格（Arnold Schwarzenegger）的機械眼睛往外看，即時分析複雜影像，那種科技真是非常厲害，光用想像就令人激動不已。

一九八四年那時候，我時常好奇三十年後會不會有飛天汽車、時間旅行機器與各種超人類能力。你猜怎麼樣？我們確實有喔！

二〇一二年，飛天汽車設計完成，原型機首次試飛。談到時間旅行，物理學家發現時間在地球上走得比較慢，在太空裡的全球衛星定位系統上走得比較快，而且我們對量子力學、旋轉黑洞與蟲洞都研究得更深了。至於超人類能力呢？我們還要多少年才會演化出超能力？

或者智慧共享已經讓我們擁有超能力了？

臉部辨識很複雜，但相關技術在最近幾年突飛猛進。有了智慧共享，我們不必靠機械眼睛分析複雜影像。哈佛大學工學院的四名研究員已經發表論文，開發出一款辨識應用程式，跟阿諾在《魔鬼終結者》裡的機械眼睛有異曲同工之妙。這款應用程式稱為PlateMate，你把餐點拍下來，程式能即時分析其中的熱量、脂肪與蛋白質等營養成分。怎麼辦到的？答案是透過智慧共享。你拍下的餐點照片會傳到知名群眾外包網站「亞馬遜人端運算平臺」（Amazon Mechanical Turk），那裡的網友立刻進行分析。跟猜測牛隻體重一樣，未受專業訓練的網友能準確分析營養成分，跟專業營養師不分軒輕。

也許在未來我們會配戴智慧型眼鏡，錄下我們在哪裡做些什麼？只要點擊一下，就知道餐點的營養成分；再點一下，即時獲得群眾給的約會建議；再點一下，得知我們正遇上麻煩。只要連上群眾，就有非凡的超能力。

NQ比IQ更重要，你的NQ有多少？

我先前分享過說，我兒子觸碰報紙上的圖片，很失望怎麼沒有反應。最近還有一次，我的小兒子走到家裡的電視機前面，想靠碰觸螢幕打開電視，很納悶為何跟他熟悉的 iPad 不同。

我們的孩子出生於數位時代，而這時代的進化速度比我們當年快上許多。國小學生輕鬆悠遊於社群網站的世界，管理自己的 Instagram 帳號，上傳影片到 Youtube，用通訊軟體 FaceTime 和 Skype 跟全球的親友聊天。我們這一代成長於杜威十進位圖書管理系統（Dewey Decimal System）的舊時代，覺得有些新科技複雜無比，他們這一代用起來則得心應手，簡直宛若本能。他們長大之際，會要求科技一起成長，如果科技跟不上腳步，他們自行著手發明。

人類變得愈來愈聰明，這稱為弗林效應（Flynn effect）。研究指出，不少發達國家國民的智力測驗成績每十年皆呈成長趨勢。我認為智力的衡量方式在未來會略有不同，也許我們不只依靠自己的智力，還能依靠社群人脈的智力。

目前許多線上服務試著評定我們從社群人脈得到的力量多寡，分析工具Klout就屬一例。Klout根據用戶的社群影響力加以評等，給出相應的「Klout分數」。搞不好我們的「網商」（network quotient，NQ，由英國電信公司的湯姆．柏伊〔Tom Boyle〕所創）比「智商」（IQ）更重要？當我們把網商加進智商，智力會提升多少？智慧共享正替我們增加網商分數。

集思廣益會更聰明。在未來，智力的衡量標準也許不只針對我們個人，更針對我們跟彼此連結的能力。有了智慧共享，網商比智商更關鍵，而這有助減少智商差距，讓世界變得更平等。

連結數十億大腦，創造「全球大腦」

大腦皮質跟智力直接相關，由一百億個彼此相連的神經元產生智能。全球有七十億人口，所有大腦連結在一起想必十分可觀。

數字本身很驚人，帶來的可能性更驚人。

我們能創造一顆「全球大腦」嗎？現在臉書有超過十億個用戶，這麼多人（與大腦）史無前例的連結起來，彼此互動，一起動腦。然而臉書是選擇性的，你必須先跟別人加為朋友才能一起動腦，而臉書規定的好友上限是五千人。如果全面開放會如何呢？如果我們讓臉書上的十億顆大腦自由共享智慧呢？

這會是未來的走向嗎？

善用智慧共享，才是真領導

當談到科技，蘋果創辦人賈伯斯是一位真正的領導者，這位天才帶來科技突破，永遠改變我們的生活。他讓科幻電影裡的情景成為現實。一位真正的領導者。

當智慧共享在未來更形重要，也許政府與領導者會更依賴智慧共享的力量來做決策。智慧共享如同「民主2.0」。我們在未來不只衡量政治人物與領導者本身的才智，也衡量他們能否妥善運用眾人的才智——群眾的才智。

有一天，我們會不會重視領導者的謙遜態度？重視他們的脆弱面？重視他們是否知道自己並未比人民更聰明？在未來，我願意投的候選人不只要吸引我投票給他，還要吸引我跟他一起思考。選舉結果不只取決於實際投票，也取決於群眾投票，我信任的候選人會說：「我不知道答案，但我會問人民。」這是最好的民主。我要的政治人物不必四處跟民眾握手，不必親吻一堆小寶寶，也不必拋出一堆承諾，重點是他能聚集多少群眾智慧。我會投給懂得智慧共享的候選人。

創造超乎想像的美好未來

未來難以預測，但我認為智慧共享在未來是一大關鍵。我們能靠集思廣益解決世上的重大難題，確保人類世世代代往前邁進。

我想像我的孫子說：「你們知道嗎，在我爺爺還小的時候，大家是靠自己悶著頭想問題耶。」這就像我跟子女說，在我的學生時代，想查資料得上圖書館。在當時看來，現在的一切，宛若魔法世界或科幻電影。

我希望我孫子用搜尋引擎找到的資料全部出自群眾智慧。由一個智慧共享資料庫儲存全球所有大腦的智慧，替各類問題提供最佳答案。

Google 有在聽嗎？快加油啊。

在我的想像中，當那個時代來臨，我的孫子（或曾孫）會笑說我們這個世代竟然要靠看這本書來學習智慧共享。

其實我不必想像。我只要開飛天汽車到我的時間旅行機器那邊，親自告訴他們。

但別擔心。

我會回來。

然後我們一起靠智慧共享創造超乎想像的美好未來。

我在此邀請你加入我的群眾，一起共享智慧。請讓我知道智慧共享正如何改變你的生活與未來。「我們」永遠強過「我」。

歡迎寄信給我（liorz@live.com）或上我的網站（mindsharing.info），分享你的個人故事、對智慧共享的想法，還有閱讀本書的心得。

我的群眾跟我正洗耳恭聽。

此外，請記得：偉大的心靈會有志一同，聰明的心靈會集思廣益。

附錄

智慧共享的社群人脈資源

現在有許多網站供你善用社群人脈，獲取群眾智慧。下列是本書提過的實用網站，外加其他寶貴資源（編按：本書特別收錄華語地區常用的社群資源），其中許多都有推出手機版應用程式，供你隨時隨地善加利用。如果對後續更新的完整網站列表有興趣，請上：mindsharing.info/resources。

我的聯絡方式

liorz@live.com

我的個人電子信箱

mindsharing.info
本書的官方網站

facebook.com/mind.sharing.book
本書的臉書官方專頁

facebook.com/lior.zoref
我的個人臉書專頁

twitter.com/liorz
何不在推特上追蹤我呢？

instagram.com/liorz

我在 Instagram 上的照片集

一般問答平臺

lineq.tw

LINE Q 快速解決問題的小幫手

quora.com

Quora 最完善的問答平臺

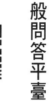

tw.answers.yahoo.com

Yahoo 奇摩知識＋大概是第一個問答平臺

ted.com/conversations

TED 圍繞著大點子跟大夢想的問答平臺

patientslikeme.com

即時研究平臺暨大型網絡

crowdmed.com

解決世上最棘手的醫療難題

fold.it

靠玩線上遊戲 foldit 找出療法

treato.com

集結病友的真實經驗

募資

flyingv.cc

flyingV 群眾募資平臺

zeczec.com

嘖嘖 zeczec × 讓美好的事物發生：臺灣群眾集資平臺

kickstarter.com

資助創新計畫

indiegogo.com

資助任何計畫

設計

heyshow.com

黑秀網，臺灣設計師入口網站，設計人與設計創意作品大本營

mydesy.com

ㄇㄞˋ點子靈感創意誌，最多人找靈感的地方

99designs.com

從商標到書籍封面，任何設計需求都歡迎

designcrowd.com

跟上一個網站相同

istockphoto.com

蒐羅圖片、圖型、影片與音檔

知識

wikipedia.org

維基百科——呃……沒有人不知道吧！

baike.baidu.com

百度百科——全球最大中文百科全書

reddit.com

新聞與趣事

金融

billguard.com

能保護信用卡的智慧手機應用程式

解決職場問題

etoro.com
社群投資平臺

innocentive.com
靠提供獎金找網友解決問題

ideabounty.com
提供或獲取生意點子

可供智慧共享的社群網站

utest.com

軟體測試

mturk.com

找群眾解決小任務

facebook.com

臉書——跟朋友智慧共享

band.us/home

LINE Band——提供私人社團功能

twitter.com

推特——用三言兩語簡短提問

linkedin.com

領英——與專業人士智慧共享

tw.weibo.com

微博——隨拍隨傳即時分享

其他

ptt.cc

批踢踢實業坊——提供快速即時、免費、開放、自由與的言論空間

klout.com

衡量使用者的社群影響力

mobile01.com

Mobile01——討論各種3C產品與介紹臺灣各景點的論壇

tw.streetvoice.com

街聲——作品發表平臺

ck101.com

卡提諾王國——綜合型社群論壇

babyhome.com.tw

寶貝家庭親子網

community.babycenter.com

從群眾獲得育兒建議

backpackers.com.tw
旅遊網站和自助旅行社群

dappei.com
搭配網——穿搭交流平臺

icook.tw
愛料理——臺灣第一個素人料理大型分享平臺

fiverr.com
群眾服務外包市集

glassdoor.com
能深入了解企業內部的求職平臺

xprize.com
鼓勵技術創新

globalcrowd.com
美國政府消息預報中心

cci.mit.edu
麻省理工學院的群眾智慧中心

crowdsourcing.org

產業新聞的群眾外包中心

● 國家圖書館出版品預行編目（CIP）資料

智慧共享的社群人脈學：如何利用互聯網集思廣益，解決工作、生活、健康、愛情難題，實現夢想？/ 李爾．羅瑞夫（Lior Zoref）著；林力敏譯.
-- 臺北市：三采文化，2015.12
312 面；14.8×21 公分 . --（Trend；33）
譯自：Mindsharing: the art of crowdsourcing everything
ISBN 978-986-342-503-8(平裝)

1. 資訊社會 2. 網路社會 3. 網路社群

541.415 104022034

suncolor 三采文化集團

Trend 33

智慧共享的社群人脈學：

如何利用互聯網集思廣益，解決工作、生活、健康、愛情難題，實現夢想？

作者 李爾．羅瑞夫（Lior Zoref）
譯者 林力敏
責任編輯 林俊安
行銷主責 王思婕
校對 張秀雲
封面設計 藍秀婷
內頁排版 中原造像股份有限公司

發行人 張輝明
總編輯 曾雅青
發行所 三采文化股份有限公司
地址 臺北市內湖區瑞光路 513 巷 33 號 8F
傳訊 TEL：8797-1234 FAX：8797-1688
網址 www.suncolor.com.tw
郵政劃撥 帳號：14319060
戶名：三采文化股份有限公司
本版發行 2015 年 12 月 4 日
定價 NT ＄360 元整

suncolor

suncolor